프란치스코의 아침

강희근 등단 50주년 기념시집

서언

햇볕 비치는 그 아침

   2015년 1월 1일은 등단 50주년을 기록하는 날이다. 기념이라면 기념일 수 있겠다. 시집을 묶는다. 시를 시로써 축하하는 일은 정당하다. 나를 가까이서 아껴 보는 분들이 날짜를 미리 짚어 힘을 보탰다.

   시의 성취는 미미하나 시로써 일생을 이룬 셈이다. 지금은 삶이 시이고 시가 삶이다. 어쩌면 시가 삶을 밀어내고 삶의 자리를 점령하고 있는 것인지 모른다.

   행복하다, 행복을 허락하신 신에게 감사의 말씀드린다. 『프란치스코의 아침』은 햇볕 비치는 그 아침으로 가고 있다는 말이지 그 아침의 실천은 아니다. 부끄럽다.

2014년 12월 강희근 씀

차 례

● 서언

제1부

이 시대의 시 ──── 12

단상 ──── 14

달리고 싶을 때 ──── 16

그러므로 ──── 18

몸 풀기 ──── 20

방언 탐색 ──── 22

강물이 온다 ──── 24

자두를 먹다가 ──── 26

아편 먹은 것처럼 ──── 28

그렇다 ──── 30

연가 ──── 32

겨울 골짜기 ──── 34

부록 ──── 36

넘어지기 위하여 ──── 38

다리가 웃는다 ──── 40

최참판댁 ──── 42

제2부

- 진주 점묘, 하나 —————— 46
- 신거제대교 이후 —————— 48
- 남문산역 —————— 50
- 눈꽃 —————— 52
- 유등 —————— 54
- 근교행 —————— 55
- 대변항 —————— 58
- 영암사지에서 —————— 60
- 하룻밤 —————— 62
- 다솔사 입구에서 —————— 64
- 꽃단지에 가서 —————— 66
- 고성을 지나며 —————— 68
- 운석 —————— 70
- 퇴근길 —————— 72
- 기침은 나를 흔들어 용서하지 않는구나 —————— 74

제3부

시는 리라 소리 나는 곳으로 간다 —— 78
집 —— 80
언어의 새 —— 82
만남 —— 84
경주 통신 2 —— 86
경주 통신 4 —— 88
시의 수도 —— 90
문인이 사는 동네 —— 92
방문기 —— 94
발견 —— 96
그 집 —— 98
배 한 척 —— 100
난이 —— 102
강희맹 —— 104
북천추어탕 —— 106
상가에서 —— 108
나의 크리스마스 —— 110
침묵 피정 —— 112

제4부

터키 통신 1 ——— 116
터키 통신 2 ——— 118
터키 통신 3 ——— 119
터키 통신 6 ——— 121
그리스 통신 2 ——— 123
그리스 통신 3 ——— 125
다시 프라하 ——— 126
카프카의 집 ——— 128

강희근의 시세계 | 유성호 ——— 131
근영 / 휘호 ——— 153

# 프란치스코의 아침

강희근 등단 50주년 기념시집

제1부

이 시대의 시

　나는 둔부가 아프다 놓일 자리에 놓이지
　못하기 때문이라네
　나는 눈이 아프다 놓일 자리에 비집고 들어갈
　가시거리가 없기 때문이라네
　나는 귀가 무겁다 놓일 자리에 한가히 놓여
　공주처럼 가벼워지지 못하기 때문이라네
　가슴이 갈래로 나뉜다 가슴 하나 받아지는 손바닥이 없기 때문이라네
　머리가 지끈지끈거린다 에어컨 바람이기도 하지만
　머리 한 뼘 쏟아져 들어갈 물방울만 한 방석 또는
　돗자리 하나 없기 때문이라네
　생각이 그리움이 찢어진 꽃잎이 된다 꽃잎은
　하룻저녁의 하늘을 받고는 영구한 수면으로
　들어가고 들어간 곳은 불면의 우물로 고이기 때문이라네
　말이 그릇 하나처럼 제대로 둥근 것이 없다
　이빨이 부러지거나 휘어지거나 툭하고 금이 간 채로
　하늘 같은 비눗방울 같은 동그라미를 그리고 있기 때문이라네

아침은 늘 그렇다 급히 저녁이거나 저녁의 색깔이다
색깔도 잠시 잠깐 부어오르고 녹슬다가 고전이
된다네 끓지도 않고 넘친다네 아침은

단상

죽음처럼 거리를 두고 살 때
비로소 그는 인간이다

말이 죽음으로 들어가 이빨로 달리고
스마트폰을 건드리는 손끝이 죽음의
문턱에서 수문장이 되어 있을 때
그는 인간이다

폰을 어쩌다 휙 건드리거나 하면
수많은 영역의 기호들이 들녘이 되어
나타나지만
그 이후는 죽음의 뱃살로 차
침묵의 눈시울을 켜고 있다는 걸 볼 때
바야흐로 그는 인간이다

죽음은 이쪽 켠이나 저쪽 켠이 없다
이쪽 기쁨이나 저쪽 비감이 따로 없다

사슴이 물을 마시고 있거나
사슴의 그늘이 물을 더 길게 마시고
있거나
바라보면 갈증이 더 깊어진다는 걸
아는 때
그는 비로소 탈을 벗고, 탈이 그리워하는
인간이 되는 것일까

거리가 거리가 아니라 말이 말이 아니라
죽음이
죽음 밖의 기호라는 걸
알게 되는 것일까

달리고 싶을 때

달리고 싶을 때는 강의를 하게나
날아다니고 싶을 때는 강의를 하게나

벽이 있다 싶을 때
그물이 있다 싶을 때 한두 시간
강의를 하게나

구름처럼 떠, 구름 헤쳐 가고 싶을 때
강의를 하고
강물에 떠, 풀잎처럼 흐르고 싶을 때
강의를 하고

뚜껑을 열고 뚜껑 속에 잠자는 것
끌어내고 싶거나
봉지를 뜯어 봉지 속에 알지고 있는 것
만져보고 싶거나,

오수가 엄습해 올 때

슬픔이 슬픔의 건반을 두드리며 올 때
그대 언어의 동서남북
강의를 시작하게나

두 시간 또는 세 시간 눈 내리고
바람 불고
또 햇볕 내리는, 그대 천질天質의 목소리
강의를 시작하게나

그러므로

번민이 하나 달려와서
먼저 온 번민과 다투고 있다
서로 다투다가 이긴 번민이
나를 무혈로 접수할 것이다

나의 번민은 하나씩 집이 있다면
수천수만의 집으로 즐비할 터인데
지나간 번민들은 깨끗이 얼굴 지우고
저들이 하던 할 말 다 지우고 갔다

한없이 긴 날 긴 밤 도모하던 저들의
정부는
삼일천하로 끝나기도 하고
임기를 정해진 대로 마치는, 우량한 시대를
기록하기도 했다

눈발로 흩날리며 오는 것은 땅에
닿자마자 녹기도 하는데

아예 칡넝쿨처럼 길바닥으로 내려서는
것은
나를 지탱해 주는 힘이 아니라
내 가고자 하는 선의의 길 장애물이 된다

그래도,
번민은 밥이다
살아가는 일이 저들의 당도함으로
비롯되는 것이라면
기꺼이 밥이라는 이름 얹어 줄 수 있으리

어쩌랴, 달려온 번민이 먼저 온 번민
구석으로 밀어내고 있다
밀리는 것에 대해 나는, 힘내라 소리 질러
응원해 줄 수가 없다

몸 풀기

누가 말했는가
걷는 것은 신이 준 은총이라고

삐걱, 늘어진 인대 가까스로 추슬러
걷는데 친구여
하, 하 웃음이 난다

어둠 속으로 들어가다
불빛 속으로 나오는 저녁 걷기
저녁이 하, 하 내게 유쾌한 악수 청하는구나

꺾어 돌아드는 길
보살집이 나오고 철학관도 나온다
잠시 머리가 어지러워지는데 하, 하
웃음을 보내주면
달같이 생긴 착한 가로등이 최선의 촉수로
걸음 조심 환히 내려다본다

걷는 것은 신이 준 은총
신발이 가볍고 흔드는 팔이 자유롭구나

속도뿐인 차량의 불빛이
저녁에게 거수경례를 하며 지나가고
나는 다시 풍선처럼 떠오르는 마음 골목 안으로 든다

길이 구불거리고 어둠이 풍선으로 튕기고
친구여
하, 하 웃음이 난다

방언 탐색

멋진 사람들은 애완동물 하나씩 갖는가
고양이를 품에 안고 이웃을 만나는 사람
털북숭이를 무등 태우고 집 밖을 나서는 사람
이런 사람들은 다들 평화로워 보인다

하다못해 셰퍼드를 데리고 아침이나 저녁
강변 둔치를 걷거나 달려 나가는 사람들
뭔가 역동적이고 활발해 보인다
그러나 나는 셰퍼드나 훈련된 개처럼 보이는 짐승은
다 싫다

품에 드는 짐승도 애완동물이라 하지만
저것들이 털을 생산하고
저것들이 배설물을 흘려내는 한
나는 좋아할 수가 없다

그래서 그런가, 나는 외롭다
그래서 나는 저들의 방언을 모른다

저들이 무수한 별빛들 같은 빼롤을 발음해 내고
꽃잎 같은 애교의 주머니를 열어주는 때
나는 사람들 속에서 사람들이 내는 빼롤에 싱거워하고
사람들이 어쩌다 여는 탐욕의 주머니에
침몰의 시간 굴리며 산다

아, 지금부터 애완에 들어가 볼까, 애완동물 하나
가져 볼까
수의과대학 나온 제자들이나 만나 수의사의
목소리를 들어 볼까, 청진기 들고 동화 같은 애완의 세계
여행해 볼까

나는 외롭다
나는 잠에서 깨어나 짐승을 사랑했던
스승 프란치스코의 아침을 생각한다
그의 영혼에는 짐승이 없었던 것일까 맑은 물
사랑, 흐르는 기도만 있었던 것일까

강물이 온다

강물 보기에 좋은 자리 앉아 있으면
강물이 흐르다가 내게로 온다

내게로 와서 무슨 소리 하고 싶은 것일까
흐르는 것이 흘러가는 곳으로만 가는 게 아니라
말하려는가

가다가 보면 놔두고 가는 게 있어 뒤돌아
보며 일러두려 하는가,
돌아오지 않는 강이라 말하고 떠난 자리에
돌아와야 하는 사연 아직
끓고 있는 것 가슴 치려 하는가

시원에서 발원해 오면서 물은 보태며 물끼리 만나
어깨를 튼튼히 세우며 왔다
기슭을 만나 기슭의 목소리 읽어 주다가, 들녘을 만나
들녘의 이야기 들으며 무릎 쳐 주다가
이슥한 밤에 이슥한 달 하나 배다가

낳다가 왔다

그래서 밤마다 강물은 달 보며 달 붙들고
흘렀다
달이 보이지 않는 새벽부터 강물은 더 많이
소리를 내어 흘렀다

강물이 저리 소리를 낮추며 가는 것은
가는 것이 가슴의 뜻이 아니라는 것일까

지금, 가고 있는 강물이
내게로 오고 있다 지극히 잔잔하여 무슨 뜻인지
헤아리기 어려운 물결로,

거기 겹치는 입술들
눈빛들로 가만 가만 젖으며 오고 있다

자두를 먹다가

자두를 먹다가 오디를 먹고 있는 사람
떠올리고 있다
자두는 냉장고에 넣어두었다가 점잖게
몇 알씩 내다 먹지만
오디는 정원 어디 깊숙이 숨어 있던 나무에 달린 것일 때
맛이 맛다울 것이다
깨져서 부서져서 입이 입이 아닐 것이다
밀 서리 하다가 입이 까맣게 분칠해져 있어 들킨 것처럼
지금쯤 영락없이 들키어 볼 만해 있을 것이다
립스틱 발달사라는 이름의 시집이 있는데
오디를 먹는 사람도 립스틱 현대사 같은 이름으로
시 연작을 써야 할 것이다
립스틱은 원초적으로는 입속을 채우는 먹거리에서 나온
것이라고,
　먹거리 중에서도 입천장과 혓바닥을 그리워하여
　그리움의 색깔로 그림이 되는 것이라고,
어쩔 수없이 식도를 찾아 넘어가는 것이라도
　식도를 노을로 만들며 떨어지는 해처럼 아찔히

떨어지는 것이라고,
그리하여 먹거리는 입천장 립스틱이거나 혓바닥
립스틱일 것이라고,
노을일 것이라고 써야 할 것이다
자두는 일단 립스틱이 아니다
밀 서리가 아니고 숨겨져 있다가 나오기도 하는
횡재 같은 것도 아니다
립스틱은 립스틱을 부를 것이다 부르다가
하나의 색깔로 노을 너머 타오를 것이다

아편 먹은 것처럼

사는 일이 요즈막처럼 소리 없이
쓸리고 밀리고 언덕 끝으로 가는 길이라면
천상 갑파도키아로 가야 쓰것다

천만 년 신비가 떡처럼 부벼져 있는 바위의 나라
그곳으로 날아가
아편 먹은 것처럼 붕붕 떠서 지상이 마술 둔갑하는
것 내려다보는
열기구 투어를 해야 쓰것다

조종사는 키가 큰 스페인 청년이면 더 좋으리
이따금씩 풍선 속으로 불 가스를 쏘아 올리는
카우보이모자를 쓴 우량 청년이면, 청년의 기상
데리고 뜨는 열기구라면
사는 일쯤 지상 2, 3백 미터 위에서 까짓것 ㅋ, ㅋ
또는 캬, 캬, 캬 소리 내어 웃어줄 수 있으리

우리네 칼국수로 여름을 건디는 이들이여

칼국수 반죽하듯이 뽑아내듯이 바윗날
뽑아내 세우고 쓰러뜨리고 또 다시 반죽하는 천변만화
그 나라 상상해보는가

그리고 그 위를 붕붕 날아다니는 극복과 비상
승리와 평정의 전율 상상해보는가

사는 일이 요즈막처럼이라면 침전하는 것 침전 아래
부유하는 것이라면
천상 갑파도키아로 가야 쓰것다

그곳으로 가, 석유 먹은 것처럼
석유 냄새 풀풀 날리며 기세 좋게 날아가
붕붕, 붕붕붕 열기구 투어를 해야 쓰것다

A형 내면의 불발로부터 떠나 O형의
심줄 불끈거리는, 아무쪼록 외향으로 숏글러 떠오르는
저, 열기구 투어를 해야 쓰것다

그렇다

음악을 듣자, 듣고 있으면 음악이 된다
악보의 액자 걸려 있다가
툭 떨어져 내게로 와 내 이마에 걸린다
걸린 다음, 이윽고 미끄러져 내리고 내 가슴
가슴 깊은 방에 와 가득 차다가 대못 하나에 착,
걸린다
음악을 듣자, 오늘은 지고이네르바이젠 어느 샛가
집시가 되어 흐른다 집시는 슬픈데 떠돌인데 음악은
내 화폭의 여인처럼 아름답다 가슴에 뼈를 빚다가
삐져내다가 뼈마디를 치는 뼈마디가 되는
여울로 가다가 여울의 색도 짙어가는 밤
집시는 어디로 가는가 나는 집시의 피, 또는 그네들의 무곡에
접신이 되어 액자로 부르르 진도 7로 떨리고
음률의 사제 사라사데가 된다
음률은 신동이라야 따르고 흐르고 내리고 맞히고
뜨거운 용암으로 끓다가 허리 꺾이다가
끝내는 슬픔과 슬픔의 지아비 또는 관능의 지어미가 된다
음악을 듣자, 듣고 있으면 바이올린이 된다

바이올린 네 개의 현이거나 활이거나
현을 켜는 짧은 손가락, 손가락 끝의 고난도 기교
달빛이여

연가

사과밭을 지나려는데
나무에 매달린 지상의 매력들
놀자고 한다

수천인가 수만인가, 하나하나
달리고도 뚜렷한 과거,
술지개미 한 그릇씩 먹은 얼굴로
놀자고 한다

내가 지나온 길 다시 지나가는가
반쯤은 설레다가 익지 못한 설렘이
익지 않은 그리움이다가 이름조차 감감한 그리움이
불현듯 몰려와서
놀자고 한다

아, 나도 어디 사과밭에 가서
돌아앉아 익은 채로 저리 달려 있을까
지나가는 그리움, 사춘기 같은 그리움으로

놀자고 할까

지나갈 수가 없구나
지나간 것들의 본적지 사과밭에서
참회의 과육 같은 떨림의 시간
지나갈 수가 없구나

겨울 골짜기

몇 십 년 전 읽었던 소설
다시 읽는다

그때 놓쳤던 것 눈 안으로 들어온다

전쟁은 나쁜 것이지만
누가 만들고 일으켰는가에 대해
말하지 않고 있다

연신 사람이 죽어가고
죽지 않으려고 있는 힘 다하고
그러다가 죽고
이편도 죽어가고 죽지 않으려고 있는 힘
다하고 그러다가 죽고

지식이 많이 있어 지식만 한 인품이 있는 자
먼저 죽고
일자 무식도 그 다음에 죽고

그렇지만 한 사람 한 사람은 다 착하고
애인에게로 돌아가야 하고
부모에게로 돌아가야 하고
자식과 아내에게로 돌아가야 하지만

슬프게도 죽고
죽어가고 있고
죽지 않으려 하고

그런 것들 가슴 시린 것들만 말하는
사람,
소설가다

몇 십 년이 지났는데
막판에 다 죽는 죽음의 일지, 일지만
살아 있다

부록

책을 읽다가 책 본문이 끝나고
그냥 붙여놓은 부록에서
황금 같은 지혜를 얻을 때가 있다네

논문 같은 데서도 본론에서는 늘 보리쌀을 씹다가
결론으로 마무리하는 언저리에서
천둥치는 지혜, 현미 같은 건강을
찾아낼 때가 있다네

명미한 시인이
나는 왜 작은 것, 소소한 일에만 소리를 치며
부라리는가
자탄했는데

그 작은 것에서 죽지 않고 반짝이는 세상의
발목 같은 보행의 힘 얻는 때가 있다네

사람의 시력도 그렇다네

전공이라고 하는 것이 좁쌀 같은 데만 보다가
다 가는 세월이지만

그 사람의 부전공에서 때로는 민중의 소리
광야의 소리 들려오기도 한다네

기적은 그렇게 오는 것일까
부록 같은 데서
경기의 마지막 5분 같은 데서
예기치 않은 데서, 변두리에서

넘어지기 위하여

피겨스케이팅은 넘어지기 위해 있다,
라 말하는 사람 아직은 없다

그래도 넘어지는 선수가 있다
엉덩방아를 찧고 디딜방아 찧듯이 찧고
찧고 난 다음의 추스림에 대한 룰이 없다

피겨스케이팅 부도덕이로다

저것 봐, 율리아 리프니츠카야가 넘어지고
아사다 마오가 넘어지고

대신에 새로운 복병
아델리나 소트니코바가 솟아오르고, 죽순처럼
솟아오르고

솟아오르는 것만이 선으로 통하는 은반은
비정이로다

넘어지고 미끄러지는 것이 얼음의 색깔인데
색깔이 구겨지는, 종잇장처럼 구겨지는
부조리,

이쯤에서 기침을 할까
구토를 할까

선수여, 나는 그대들 어깨 나란히
자정의 언덕을 넘어 더불어 넘어지며 한 떨기
구절초로 핀다

율리아 리프니츠카야 어린 소녀로 핀다

다리가 웃는다

다리가 웃는다
발가락 끝에서부터 기쁨이 스며들고
인두로 다리듯이 발바닥으로 밀리고
발등으로 발목으로 가느다란 전깃줄이 간다

장딴지로 퍼져 피다가
정강이 쪽으로 담쟁이 넝쿨 오르다가
관절까지 가서 깃발 하나 편다
웃음이다

걷다가 걷다가
걸음이 벗이 되면
걸음이 한 줄 산조를 켠다

아침밥상 물리고 출근하는 길
다리가 주어다
점심밥상 물리고 강과 함께 흐르는 길
다리가 주인이다

주어가 웃는다
주인이 웃는다

새들이 날고 나뭇가지가 웃는다

최참판댁

오늘 따라 달이 늦게 솟아오른다
소설 배역들은 다 배역 밖으로 나가고
없다

그 공간에 시인들이 찾아와 달빛 시낭송회를
열고
반쯤은 달빛에 젖은 목소리로 시를,
자작시를 낭송하고 있다

멀리서 오랜 시간 버스 타고 온 사람들
흔들리는 사람들
스스로 서희나 길상이 목소리 내려고 하는지,
아니면 더 가쁜 별당 아씨나 김환의 젖은 불씨
되살리는 사랑
흉내 내려고 하는지

감정들이 다 과잉이다

차라리 인상 쓰지 않고도 무대 가득한
조준구나 김평산이 같은 나쁜 놈들 불러다 세운다면
어데 멀리 나가지 않고 아랫담 주막에서
막걸리잔 들고 있는 캐릭터들 불러다 세운다면
달빛이 소리를 낼 것이다

어차피 시낭송회는 시로써는
달빛까지 갈 수가 없다

속적삼 같은 어둠 아래 제 가슴 더듬어 시심
굴려내는
이 밤의 독자들 가운데
살빛 아리는 봉순이나 월선이가 있는가

달은 그제나 이제나 그네들의 볼빛으로 뜨고
평사리 들녘은 한결 잠드는 밤이 슬프다

지금 시는 무슨 대목으로 어디까지 흘러가고

있는가,
힘 다 빼고 평음으로 읽는 시인의 시 한 줄이 사람들 머리를 지나
별당 쪽으로 들어가고 있다

제2부

진주 점묘, 하나

호텔 11층 레스토랑에서 내려다보면
강이 꿈틀거리며 흐른다

누군가 퇴기退妓처럼 쇠잔한 도시라 한 말
인상일 뿐

건너편 칠암동의 살아 있는 근육들
건물과 건물 사이로 흐르고
길게 뻗어 있는 강변 둔치는
긴 머리 자른 것처럼 깔끔하다

숲으로 우거졌던 지나간 변두리
키 높은 아파트로 바뀌어 층층이 설렌다

오래전,
제기祭器 공장이 돌고 비단 공장이 돌던 날
진주라 천릿길
유행가 지어 불렀다

그 노래 아직 남아 있지만
강은 그 강물로 쉬지 않고 돌아나가고
예술 하는 사람들의 꿈
개천예술제는 음력 시월에 어김없이 열리리라

벼랑을 보라, 뒤벼리 아래 차량들
강물 제치고 앞 다투어 달려 나가고

물 위에 떠 흐르는 물새들, 진주 방언 몇 음절
입 끝으로 찍고 있다

신거제대교 이후

통영을 지나가면 시 읽는 소리가
나고
신거제대교를 건너서면 소설책 넘어가는 소리가
난다

유퉁의 국밥집 왼켠에 놓고 일로 고현으로 가면
소설은 도입부 꼬리가 넘어간다

장용학의 '요한시집'이다
사등리 아파트를 곁눈질로 지나가면
주인공 누혜의 고민, 살아 있음이 무엇인지
철조망 바라보는 모습 클로즈업 된다

전쟁은 이미 흘러갔고 잡힌 이들은
잡힌 이들끼리 전쟁이다

누혜는 그 소용돌이의 머리끝에 올라가
하나, 둘, 셋

해장국 칸타타

속으로 스스로를 구령한다 성포리 다가서고
쩍쩍 마른 북어 몸 찢는 소리에 쿵쿵 마을 다지며 조용히
하라고 고래 아버지 주무신다고 어머니는 해장국 폭폭 끓
  또 하나 주인공 동호는 남쪽을 선택하여
는 바다에 콩나물 넣으신다.
  역방향으로 사곡 삼거리에 와 쉬고 있다

어둑새벽 고양이발 들고 와서 웅크린 내 귓불에 콩나물
  전쟁은 답하라, 수설은 고현에 이르러 마지막
한소끔 더 얹으시며 '속 풀고 자거라!' 이불 덮어 주신다.
  페이지에 이르고

  거제는 다시 천하일경 미인도가 된다
오래된 어머니의 토래는 '오전지' 위에 희생물로 환생한
북어의 칸타타 '오늘 막힌 속은 오늘 확 풀어 던져라!' 청양
  이때부터 거제에 가득, 집 잃은 그리움들이 모여들고
고추가 으깬 마을 껴안고 찰싹 춤추면 동해로 헤엄쳐 가는
  일부는 몽돌밭 쪽으로 가고
북어 한 마리
  일부는 해금강 쪽으로 가게 될 것이다

아침 밥상머리에 다가앉아 파닥거리는 어머니의 뜨거운

시 한 수 후룩후룩 들이켤 때 그제야 슬그미 또 하루

하얀 詩題를 빨랫줄 위에 내다 거신다.

낯품산역
조뭄

잠물쇠가 채워져 있다
붉다. 심지를 태우며
역사만 서 있고 그 옆으로 들어가면
뛰어가는 나의 삶은 하루하루 이글거린다.
철길이 먼저 사라져 버리고

역간 안내판도 사라져 버리고
뜨거운 열기에 비로소 달달한 바닥이 보이듯

구름을 쥐어짜고 남은 늪, 바위틈에서 이따금 사리가 떨
상행선은 흙더미로 흐르고
어진다.
하행선은 고르지 못한 자갈밭으로 흐른다

맵고 찡한 그대의 방에 알몸으로 꿈을 풀어놓고
폐허다.
숨 몰아쉬며 흔적 없이 사라지는 마술은 파김치가 될 때
때로는 폐허가 아름답다 하는데
까지 어둠이다.
늙어 휘어진 나무 두 그루와 일렬

도열해 서 있는 회양목이 쓸쓸하다
상처가 돋아 자라나는 동안 밤이 지나고 새벽녘

그제야 반짝반짝 아주 조금씩 빛나지
그립다라고,

입으로 한 번 발음해 보지 못한 첫사랑이
새장은 짠 기운으로 상처가 아문다.
개찰구로 당당히 빠져나갔지만

이제는 돌아올 사람 돌아올 문이 사라졌다
빛이 없을 때

어둠이라는 이름으로 나를 잃어버리기 싫다. 정말

그 많은 소리들, 기적들 길게 뻗어가서

기찻간 닿는 종착역의 울타리 가에 아직
부딪는 찰바다 젖는 나의 바다는 아직 출렁이고 있다.
서성이고 있는지 모른다
맨바닥 흙물 속에서 빛나는 사랑하는 그대
거기 담쟁이 넝쿨로 기어오르고 있는지 모른다

철길이 사라지고 역이 사라지고

이름 또한 사라지는데

역이 화물로 실어 나른 세월들 백 년을 거슬러 오를까,

한참 후 떼 지어 제자리로 온 다음,

기러기처럼

어디로 은신처 정해 떠나갈까

눈꽃 바다

지리산 마천에는 눈이 벚꽃처럼
엄마 품에 앉아
떨어져 내린다
생글생글 웃고 있는 어린 꽃들을 누가 저 바다에 처넣었나
가지를 떠난 것들이 내리는 것만이 꽃인데

지리산에는 다 벚꽃밭이다
바다는 끓는 무쇠 솥단지
다압면 매화가 곧 피겠지만 눈은 벚꽃으로

내리고
그리움의 불꽃으로 끓어 넘치는 파도 알갱이
어떤 눈은 떠나간 여자 눈썹 그리며 매화로 내리기도
알갱이에 그 이름 다 녹아들어 있다
한다
아가는 자장가처럼 들려오는 거짓 음성에
웅큼 눈밭은 화투짝같이 끗발 좋게 내리는구나
엄마 품인 줄 참을 자고 영영 깨어나지 못했네
칠성계곡 다리께서부터 휘날리며 팔자 좋은 산사람들

이념의 뿌리를 적시며
답답한 숨 쉬기에 생도 죽음도 모두가 펄펄 끓어 넘친다
산으로 산으로 드는 골짜기 여한 없는 학습의 문구를 친다

치는 것이라면 잘못 드는 길이 소금에 닿는 데를 기다려
상처 깊은 세상의 하얀 뼛국 우러나오는 순간
치거나
산산이 튀어 오르는 파도 알갱이
고치다 고치다가 고칠 수 없는 염병 같은 춤사위를 치거나
알갱이에 새긴 이름
정월 초사흗에 이승을 뜬 이들의 적막한 무덤을 골라 쳐라
부르고 다시 부르고 수천만이 불러보아도
그렇지만 눈은 눈물은 어머니의 손등처럼 부드럽구나
젖은 갯바위 가슴 때리는 하얀 꽃
무엇인가를 위해 드는 길이 무엇이라 말하며

물거품 필 때마다 보고 싶다
츠미튼구나
누구인가를 위해 가는 길이 누구라고 말하며 흐르는구나
눈은 벚꽃처럼 떨어져 내리고
둥구마천 들다가
돌아 나오면, 서책을 덮고도 서책에 적힌 눈발 같은
사랑이 될까

사상이 될까

치악산 은행나무
나도 무화과

꽃 피울 새 없이 아이들 낳고
내 몸에 글을 써다오
세월만 흘렀다.
나른 흐르고 흐른 뒤 기슭이나 언덕

어디 햇빛
서러운 바람 지상의 나무들아
어디 구름들 아래 이그러지다가
뼈마디 꺾이고 흐느끼는 것이 어디 너뿐인가
생을 마치리라
언제 우리 환한 꽃 한 번 피워 낸 적 있더냐.
글을 써다오

생이라면 글줄이 있어서, 먹물 같은
피웠어도 아주 잠시 세상에 왔다 가기나 한 건지
캄캄함이 있어서
꽃 목이 떨어지고
택배로 사는 노동을 다하다가
진물 고인 가지에 새순이 돋자 비로소 열리는 하늘
마침 날 떳떳이 지리라
그래서 지상의 나무들은 모두
여인이 있다면 여인의 눈썹으로 뜨는 글
無花果
수자리로 가는 남자 있다면 남자의

태극기로 펄럭이는 글
크든 작든 상처 끝에는 열매가 달렸다.
적어다오
훈장처럼 달랑달랑 새하얀 구름 젖 물고
내 몸은 불길 번지는 화선지
달달한 숨 뿜어내고 있다.
아직은 여백이다

갠미교행

검정 양복을 입은 갠미가
쓸쓸한 날 해 설핏 쓸쓸한 날은
동료의 시체를 입에 물고 걸어간다
하루의 허리쯤에서 쓸쓸함 데리고 근교
꼬리에 꼬리를 물고 누대에 걸쳐
유황 온천탕 김 모락모락 오르는 데로 가자
뒤따르는 수많은 개미들

사슬처럼 엉긴 몸이 서로 먹이가 되어
나라를 이끌었던 왕실의 태실지 지나
꼬물꼬물 걸어간다
왕년의 풍요를 누렸던 인생들의 요양원을 지나
짓밟힌 초록 풀숲에도
자랄 풀은 많구나
죽음 잘를 안고 가는
한 가문의 영화가 취락의 즐비함보다 더 깊었던
행렬이 끝없이 늘어져 있다
마을을 지나
아래로, 아래로

더 낮은 세상으로 가는 길은
영웅의 흔적이 대밭 속 무청의 주련시로 남은 곳
참 멀기도 하다
그 곁으로 시 한 구절 상상하며 가자

헐벗은 나무들이 청승을 떠는 고갯마루 지나면

여척 없이 삼거리 나오고

살아 계실 때 귀감의 언어로 주변의 햇볕이 되던

영일정씨 단심가 눈물 어린 가계와 재실

영언처럼 흙담 길게 도는 지루한 겨울 지나가자

붕따우*

이 해변 거리가 아름다운 건

어디선가, 참동의 까치 등에다 묘령의 편지 한 줄
달큼한 망고 향이 스밀지 아닌가.
차련고비로 붙여 보낼지 아는가.

눈썰미는 때로 필요하리라
사이공에서 멀지 않은

파도가 뿌려주는 우렁찬 탄식, 밀림의 활활 냄새가
계절을 기다리는 이들아, 키가 웃자란 활활함 데리고
할퀴고 간 자리마다 아픈 상처 핥아주는
혼천탕으로 가자
새큼한 바람이 불어오기 때문이다.
더운 혼탕 거푸 놀다가

노천탕 쑥탕으로 첨벙거리면 봄 미리 쑥풀로
생과 짧은 틈새에서
침 오르른, 툭탁거리는, 뜨끈거리는
평화의 씨 뿌린 영령들
절친 계절 하나 만나리라
호치민 전쟁기념관 담장 너머

환남함나 얼굴이 살아서 꿈틀거릴 때문이다
내 등을 타고 어디론가 가고 싶은 쏙쏙이 쏼쏼히

등에서 쓱 쓱 밀려 나가고

거기 까치 등에서 얼핏 읽었던 구절 한 필 문질러
퇴고를 거치면

하루의 허리가 접히리라

* 붕따우 : 베트남 호찌민에서 남쪽으로 125㎞ 떨어져 있는 항구도시이자 해변유양지이다.

물소리 민박

물빛 잠자리가 고요하다
헐켜 한 장, 흐렸다가 홀로이다가
결계할 대상도 없고
충천히 맑으리라
밤사이 적막을 넘어 물소리만 들리는

시냇가에 밤이 오고, 물속에는

물속 세상의 사연만이 찰랑거린다

모두 가버린 빈자리에

별빛으로 채워진 물빛 마을

가을 찔레 / 대변항

햇살 맑아서 좋은 날
멸치 냄새 미역 냄새가 나는 이 작은 항구는 내
친구 같다
지난 그 봄길 걸어보았습니다.
부산 끝에 바짓가랑이처럼 붙어 있지만 아직 바다는
살아 있고
양이 먹던 찔레 새순 세어진 열매가 되었네요.
햇볕은 기운 차리며 반짝거리고 있다

찢기고 헤진 시간 발개져서
도시가 건물로 들어오거나 마트 크기로 들어오기 전

이 미명은 다소곳해서 좋다
가을볕에 이는 사람 모두가 찔레
맛의 분류는 아무래도 비린내일까,

항구는 돌아앉아 있는 포장마차 가게를 달래기
알고 보면 껍데기도 하얀 속살인 걸
위해

수줍은 바다를 끌고 들어온다
바람막이로 희생된 몸

이곳의 봄철 멸치가 그물에 걸려 들어오려면
허리 풀고 해산하자 하늘 찌르는 찔레 향
한 달쯤 기다려야 한다 하여

식당에서는 장어구이를 권한다
알찬 속 다 비우고

석쇠에서 지글 지글 굽히는 바닷장어,

또 누군가를 위해 떠날 준비 서두릅니다
붉은 초장히 여늬집의 것과는 다르고 장어는
살갗으로 향긋한 나시랭이와 이웃이 된다

멸치는 멸치대로 촌사람처럼 숫기가 많고
갈래도 빛깔 다르게 포장이 되고
미역은 미역끼리 치수대로 싸여 상품이 되는 항구,
이 항구에서 나는 한 번쯤 일 없이 배회하는
아저씨가 되고 싶다

출어 나가는 배는 눈 닦고 보아도 보이지 않고
봄멸치 만선으로 들어오는 날 기다리는,
그물 잡아줄 골대 같은 기둥들, 그들의 하품이 정겹다

나도 잠시 하품이나 따라 할까
이제 막 먹물 치는 사군자 초보자처럼, 그 무심처럼

* 부산시 기장군 기장읍 대변리 항구

뻥땅야*지혜시장

어슴름 저물녘
죽은 절에서 어른 목탁 소리도 죽어 있다
귀퉁이 시한 벌어진 시장 어귀
죽어서 사리를 남긴다고 사리를 모시는 절이
있지만
연약한 곤충들 시체 쌓아놓고 식욕 돋우는 사람들
살갗에 소름 돋아 화들짝 엉덩방아 찧을 때
이 절의 사리는 무엇인가
놀램재, 귀뚜리, 매미, 맴돌이 전갈까지
흉한가, 탑인가, 아니라면
한 줌엔 날아왔다
부춧돌인가

으스스
모산재, 애초에 이름이 사리 같다 사리 같은
무덤 봉분을 열고
산들 흥허리에 두고 있으면
용감한 토인처럼 한 마리씩 잡아 삼키는데
철은 지나가는 듯 쳐럼 잠시 왔다가 가는 것일까
목에 스키드마크 짠하게 찍은 바퀴벌레

꿈틀꿈틀 살아서 정글로 달아나고
풀러보면 남아 있는 것들은 다 나무다
그날 밤
경 밖에서 염불도 없이
대웅를 강다듬은 날벌레들이 저공비행 하며 대공습이다
죽은 절을 한 결로 바라보고 있다

주뼛 선 머리 위에
입도 없고 문자도 없이 오래 오래 서서
쥐락기 파충류 울음소리
목탁이라면
우렁우렁 꽃집에 횃불 켜들고
차라리 나무들이 살아 있는 절인지 모른다

전갈 장군과 그 졸개들이 서울까지 따라와서
나무 관세음,
까만 하늘에'깔깔깔 푸른 독 퍼붓고 있다.
죽은 절에서는 말이 다르고도 뜻이 하나로

어우러지는 것일까

* 빳따야 : 태국의 타이 남부에 있는 관광휴양도시.

하룻밤
― 엔젤리너스 카페에서

최순섭의 시세계

일상을 내파(內波)하는 언어의 직관들

박성현

하룻밤 머무는 이라면

나는 물건항에서 쉬어가고 싶다

언덕배기 카페에서 리필이 될 때까지

커피를 마시고

방파제 너머 푸른 바다 붉히고(付하) 가벼운 생각

어울려 주고 싶다

수평선이란 바다가 있는 곳이면

아크로폴리스처럼 떠 있는 것이지만

이곳의 풍경은 들어오는 만에 끼여 있는

옥색 밫지 같은 것이다

방파제로 길게 걸어나가

지나간 시대의 물음을 그림자 필 따라오게

하고

걱정 같은 것은 흘러간 날의 채색이므로 가볍이

어깨 너머로 버릴 수 있다

어느 여름날이었을 것이다. 혼자 영화 보는 재미에 빠져 그 날도 사람이 드물게 앉아 있는 극장을 찾았다. 유럽의 어느 호텔을 배경으로 한 영화였는데, 낯선 이미지들이 생경한 언어와 몸짓, 소리들에 섞여 어둠 속으로 빨려들었다. '이미지'도 명백한 물질이라는 생각이 들었던 것은 영화관을 나왔을 때였다. 고막에는 여전히 분탁한 소리가 담아 있었고, 귀를 막아도 그것은 밀폐된 좁은 통로를 따라 더 크게 진동했다. 세상의 모든 소리란 소리들이 단 하나만 남겨두고 모조리 중

발해버린 것처럼, '울림'은 분명했으며, 또한 분명한 만큼 모호한 악력을 가졌다—고막을 내파_{內波}하며 몸의 안쪽을 집중했던 소리의 마지막 흔적들, 곧 아직 소화되지 못한 소리의 잔여와 여백.

  생각해보자. 그때 내가 감각한 것은, 용융된 '액체 납'과 같은, 소리에 내재된, 혹은 소리를 주조한 어떤 '물질성'이었으리라. 여름의 무더운 공간을 가득 채운 매미 떼처럼, 고막을 움켜쥔 그것은 '듣다'라는 동사를 순전히 소리의 공간적 밀도와 크기로 바꿔놓았던 것이다. 생각해보자. 이 소리의 잔여와 여백은 묵언_{默言}에 잠긴 수도승의 거칠고 부르튼 입술과 동일하지 않은가. 언어가 사라져버린 얼굴에는 오로지 표정만 남아 있고, 고행자는 자신의 표정에 발화되기를 거부하는 '언어-소리'의 은밀한 집착을 새겨 넣는다. 고막이, 귀를 통과하는 소리의 파장이 아닌, 그 소리가 분절되는 형식을 기록하는 것처럼, 묵언으로 남겨진 '소리-의-없음'은 통사_{統辭}에서 밀려난 육체의 순수한 내적 형식을 투사한다. 의미가 실현되는 순간, 그 문장이 생성된 언어의 근육 속으로 되돌려지는 소리의 껍질들, 혹은 "내 몸의 유전자들이 매양 털리고 있"(「따발총」)는 그 환장할 기억 같은.

  그러한 어느 여름날이었을 것이다. 고막을 울리던 소리가 사라진 것은 을지로에서 명동으로 접어들 때였다. 이상하지만, 사람들의 발목에는 느린 걸음이 붙어 있었고, 그것과 기묘하게 대조되는 강마른 상체들은 가파르게 기울고 있었다.

---

*해변이 여유로울 때 밤은 약속처럼 찾아오고
헐벗은 겨울 방풍림 우는 소리
하나 둘 가로등으로 켜져 별빛들에 젖으리라
별 하나에 이름 하나
별 둘에 이름 둘, 나는 소녀처럼 밤새워
순결한 시를 쓰고 싶다
시를 쓰다가 물건항 깊은 숨소리 잠들고 싶다*

다솔사 입구에서

이미 당도해 있을지 모르겠다
만해 이후 만해 같은 시인이,
동리 이후 동리 같은 작가가
염불로 돌계단을 오르고 대양루를 지났을까
본전에 올라 합장한 뒤
곧바로 요사채로 가서 스님이 묵었던 방
쓸고 있을까
아니면 작가가 지냈던 방 들어 소설 한 대목
떠올리며
캐릭터처럼 헛웃음 웃고 있을까
이미 당도해 있을지 모르겠다
범부 이후 범부 같은 정신이,
오던 길의 먼지 털어낸 뒤 다도무문

중국대사관 쪽에서 바람이 불자 여름은 조금 더 높아졌고 냄새는 그만큼 단단해졌다. 바람은 거리를 습격하면서 자신이 만들어낸 생채기 속으로 파고들었다. 그 흔적에서, 고막을 움켜쥐던 소리의 악착齷齪과 같은, 나는 "한 무더기 어린 꽃들이 몽글몽글 피어나고 있"(「참꽃」)는 모습을 보았던 것이다. 그 알록달록한 색채들은, 제각각 소리의 굴곡을 파내며 스며들고, 내파되는 균열을 통해 내 소리의 먼 곳을 지워갔던 것.

하지만 그것은 사라지기보다는 뭔가 다른, 새로운 형식으로 분열하는 것이다. 소리는 '소리'에 덮여 사라짐으로써, 육체의 알려지지 않은 부분에 그 흔적과 방향을 남긴다. 마치 밤이 낮을 끌어당겨 사물을 어둠 속에 잠기게 하지만, 그것이 사물의 또 다른 형태를 이끌어내는 것과 같다. "어둑새벽 인력시장에 서성이는 사람들"(「드럼통」)처럼 그 소리는 장소를 떠나지 못하며 시간을 잡아두었던 것이고, 그럼으로써 미래를 한없이 연기시켰던 것이다. 나는 그 소리와 "오래오래 함께 흔들리고 싶"(「겨울 비구승」)었거나, "서걱대며 흰머리 흔드는 갈대처럼/ 나도 올올해"(「샹들리에」)지고 싶었던 것일지 모른다. 하여튼, 명동의 건조하고 거친 빌딩들이 무심코 내려다보는 중국대사관 쪽에서, 그리고 소리들이 도처에서 꿈틀대는 '일상'이라는 세계의 축지縮地에서 나는 서둘러 몸을 감추는 언어의 직관들을 본 것이다.

차 한 잔 하고 있을까

다솔이라, 더 많은 사람들이 이미
당도해 있을지 모르겠다

모르겠다,
절간에서 절간을 뛰어넘은 시대, 시대의 멀미까지
따라와
당도해 있을지,

꽃단지에 가서

저 흘러가는 강을 보다가 강을 버리고
산으로 비탈로 오르면서
우우 일제히 피어서
접수하면서
무슨 짓을 하고 있는가

우우 지르는 소리가 크다
뒷창문으로 내던 소곤거리는 소리, 방 빼고
떠났다

색깔이 모여 막무가내가 되면
색깔도 뻔뻔해지고

향기도 뻔뻔해지고 영토는 밤과 낮이 없으니
우우 너희는 지금 무슨 짓을
하고 있는가

그리운 이는 무언의 꽃가지 하나 들고 어디론가 가

돌아오지 않았다
그의 동구는 아직 홀로 조용하니 우우
너희는 무슨 말을 하고 있는가

꼭대기에 올라서 고개를 넘어서
길을 내면서,

고성을 지나며

소가야 도읍지를 지나는데
아기 울음소리가 들려온다 청랑하다 도읍지의
하늘 가장 나지막한 곳에서 시가지로
흘러들어온다

아기 이름은 박목월이다

서라벌 건천읍이 고향이라는데, 지금 그는
소가야에서 태어나
소가야의 비단이나 장신구 빛깔로 울음 울며
소리로만 시가지로 흘러들어온다

산은 자하산
봄눈 녹으면, 녹으면 온다고 했던가

구름에 달 가듯이 가는 나그네, 나그네로 온다고
했던가

소가야는 한창 탄생 신화 하나로 작은 나라 새로 태어나고
울음 한 필 흘러 다니고 있다

울음이 마른 나라, 울음이 흘러 다니고 있다

운석

진주 장날 오라는 각설이패는 오지 않고
별이 내지른 똥이 떨어져
똥 소문이 파다하다

요즘은 세상이 확 확 바뀌어
똥이 똥값이 아니라 금값이라 하고
금값의 열 배라고도 한다

그날 저녁
진주 대곡면과 미천면 또 집현면 일대
거룩한 별똥이
천길 통시로 떨어져 내릴 때
우레 우루루루 몇 번에 걸쳐 났다고 한다

혹 설사처럼 질펀히 내지른 것일까

진주 사람들은 오히려 생업에 매진하고
인근에서 차를 몰고 와 산골짜기 똥 누러 들어가고

깊은 골 논두렁 타고 허옇게 들어가고

모두 눈에 불 켜고
대낮이 더 환하다

금빛,
소문만복래
진주는 지금 장날이다 소리패 없는 장날이다

퇴근길

차중에서 멀찍이 촉석루를 바라본다
열아홉 다산은 진주에 와
"오랑캐가 해동을 노려본 지 얼마던가
화려한 누각이 아스라이 산허리 베고 있다"
짚어주고 갔느니

아베는 다산이 말한 대로
얼마간 숨기고 지냈던 제국의 발톱 뻔뻔히 드러낸 채
질 낮은 눈, 부라리는 면상으로 어기적 다가오고 있느니

다락은 불타고도 다시 돌아와 아스라이 강 건너 솟은
산 노을을 베고
노을이 다시 흐르는 강 아래 어둠을 베는데
조정은 예나 이제나 제 글자 짚으며 장계 읽는다는
소식이 멀다

다락이 바람에 기울어지는 일은 어쩔 수 없다
하겠으나

사직이 캄캄해 가는 밤, 바람 앞의 촛불이라면
내 손바닥 하나로 그 바람 휘저을 수 있을까

촉석루는 반대 방향 멀어져 가고
나는 또 그 반대 방향의 일상에로 돌아가는데
열아홉에 쓴 다산의 시 구절이
가슴에 와 적혀, 맨마늘 씹은 듯 못내 쓰리다!

기침은 나를 흔들어 용서하지 않는구나

아침마다 지나는 길,

경남 지역 최초로 세운 초등학교 담장을 지나
진주성 포정사를 가까이 올려다보며
우리나라 어린이 운동의 발상지라 적힌 빗돌을 지나

어허, 우리나라 지방 언론의 첫 글자
경남일보사 첫 자리를 지나

사무실 가는 길이라 지나가고 있다가
소방도로 사거리 꺾어 돌다가

확, 진땀이 어깨로부터 솟아나다가
그 어디쯤에서부터 기침이 흘러내리는구나

기침, 얼마만인가
지나가는 길이 학교라는 생각이 드는 때
지나가는 길이 교실이라는 생각이 드는 때

무심코 지난다는 일이 무지라는 생각이 드는 때

글자 아는 사람이 죄라는 생각이 드는 때
기침,
기침은 나를 흔들어 용서하지 않는구나

제3부

시는 리라 소리 나는 곳으로 간다

새벽보다 먼저 일어나 시를 쓴다
아무도 간섭하지 않는 시간에
시는 벌써 바다로 가고 바다로 간 사람 뒤에
남아 있는 사람들이 사는 동네
하루 내내 남창에는 햇빛이 들고 거기서도 책은
쌓이고 책 속에
사상이 살기 전 그리움이 살았고 하루치
그리움만이 시가 된다
시의 신발은 닳지 않고 부지런하다 창을 열어 주기도 하고
마루를 닦아 주기도 하고
창밖에서 오는 책들을 정리해 주기도 한다
소식은 많지만 창은 그때 그때 환기가 끝나고
소리 없이 닫히는 것,
창이 열리지 않는 동안 어둠이 커튼에 가 달리고
커튼은 가장 부드러운 어둠의 집이다
일찍이 시는 부드러운 족속, 리라로 노래하며 리라처럼
설레었다 밤과 낮이 있지만 하나의 창을 썼다

시를 쓴다 시는 리라 소리 나는 곳으로 간다

집

울타리는 장미의 집이다
오갈 데 없는 장미들은 너도 나도 울타리 가로
모여들었다

집 지키는 울타리가 어느 샌가
안락한 꽃들의 집이 되어 그네들이 모여
식구를 이루고
소리 내어 웃고 떠들고
밤낮 없이 향기를 뿜어내고 있다

울타리뿐일까,
영혼이 사는 가슴이나 심장의 바깥에도 몸 두르는
울타리가 있다

나의 애인은 때때로 숱 많은 머릿결 빗겨 내리며
액세서리 같은 핀이나 종이꽃 하나쯤
가르마 너머 다소곳이 꽂아두기도 한다

향수를 뿌리지 않아도 향수가 솟글리고 머릿속을
때리고 그냥 조잘거리는 수다 만들어낸다

울타리의 계절이다
울타리는 안으로의 안식과 햇볕을 하나로 모으기 위해
일심으로 봉사하는 짙붉은 변방이다

아, 변방이 계절일 때 집이다
노숙이 사랑으로 흐를 때 집이다

언어의 새

내 후배 여류가 시인협회장이 되었다는
신문 기사,
눈에 드는 신문 기사가 알맞게 할 말만 하고 있네

잠시 잠시 그 기사 옆에다 두고
아끼는 장난감 옆에 둔 것처럼 가슴이 잘름, 잘름대네

내 나이 아래로 지나가던 정치인 N선생
대통령이 된 날은
떠밀리는 마음으로 일손이 잡히지 않았는데
이 시간 후배가 선배 몫까지 거들어 주는 것일까

시인이 시인이므로 날마다 말꽃을 머리에 얹어 다니는 새,
언어의 나무에 옮겨 앉다가 날다가
지상을 가벼이 흔드는 새

오늘은 신문의 기사로 옮겨 앉아
거친 세상의 소식에다 립스틱 연하게 찍어 주는데

할 말만 하고 있는 기사는
기사 밖에서 나도 시, 시라고 말하고 있네

만남
— 김장하 이사장

나는 책 한 권과 점심을 같이 먹었다
아직 아무도 써보지 못한 책,
아직 아무도 읽어보지 못한 책,

말로만, 말이 만나는 베풀기로만 돌아다니는 주제
글자를 거부하는, 책 밖의 노을 같은 사람

글자에 담겨본 이야기보다
더 빛깔 나는 이야기
데리고 다니는 정신 하나,

나는 그와 점심을 같이 먹었다

숟가락 한 번에 몇 쪽의 문맥이 쉽게 풀려 나오고
숟가락 한 번에 '도움' '사랑' 같은 낱말들
처녀처럼 수줍어

얼굴 수그렸다

(나는, 책 한 권을 쓰고 싶었다
처음 도달한 책 한 권의 선행을 쓰고 싶었다)

그러나,

그는 여전히 책 한 권, 맛있고 편한
밥 한 끼
점심 한 끼로 술술 써 나가고 있었다 그의 몸이 잉크
가득한 펜이었다!

경주 통신 2
― 보문호를 바라보며

이제 막 끝난
노벨 수상작가 두 사람 기조 강연의 주제
창조와 자유가 마음의 호수에 들어 차 있다

숙소에서 바라보는 보문호 물결
푸르고 잔잔하다
호수는 제 가진 둘레로 숲을 키우고 길 하나
시오리 오솔길 내고
새를 날리고 설레는 하늘 구름 띄워 놓는다

문학은 저렇게 자유롭기를 바란다
문학의 가슴에 하늘과 물결이 맞닿아 흐르고
작가도 그와 같이 흐르기를 바란다

초롱초롱한 눈빛 지니고 산 너머 바다 너머
초대장 들고 새처럼 날아온
세계의 작가들
그대들 붓끝으로, 날아다니는 시간과 언어

붙들 수 있기를,

물결은 오히려 결이 숨어 평화다
평화 속으로 시간과 언어가 들어가
보석처럼 박히기를,

건너편 산들은 벌써 허리 굽히기 시작하고
허리는 옅은 그림자로 한 뼘씩
호면으로 들고 있다

경주 통신 4
― 재일 한국인 작가 유미리

'문학, 자유와 이야기로 통하는 길'
그 길을 말하는데
그녀는 이미 금세기의 작가가 되어 있었다

그녀는 벽을 앞에 두고
벽을 부수려 하지 않았고
등 돌려 발길을 돌리지 않았고
벽을 내버려두고 돌아가지 않았다

그녀는 벽 앞에서 그 벽을 직시하고자 했다*

벽을 세워 놓고 있는 일본, 일본 땅
그녀의 쓰라린 뒤안길은
'돌에서 헤엄치는 물고기'의 길이었다

작가의 아버지는 산청 사람,
작가는 산청을 모르고 지리산을 모른다

모르면서도 작가는 조선 사람 할아버지를
'달리던 사람'이라고 했다

그때 나도 달리기 시작했다 달리는 것만이
자유인
작가의 할아버지처럼

* 유미리 작가의 말

시의 수도

1.
지리산보다 더 깊은
와석리*에 와서
조선 왕조 형벌의 냄새를 맡는다

멸족의 형틀이 형틀로만 있지 아니하고
개미도 벌떼도 찾아오지 못하는
산이요 협곡, 벼랑 아래 하늘에 물굽이가 꿈이다

포졸도 이방도 어디까지 오다가 돌아갔나

여기, 와석리에 들어온 사람들은
조선의 밥 한 끼 먹지 않고 조선 백성이 되는 것을,

2.
제15회 김삿갓문화제 개막식
개회사는 산그리매 더듬어 내리다가

한 서정시인의 남도가락으로 들어가
산수 여백되는구나

그래, 더 이상 시인은 시 읊지 말아라
한 사람 신발 다 닳고
한 사람 삿갓 다 닳았으니
와석리가 홀로 시의 수도, 죽장이로다!

* 강원도 영월군 김삿갓면, 김삿갓이 어머니와 함께 숨어 들어와 살던 산골

문인이 사는 동네

다솔사에 가면 김동리가 살고
진동에 가면 권환이 살고

삼천포에 가면 박재삼이 살고
남강 기슭 백일홍 꽃나무 설창수 이형기가 살고
봉곡동 소방도로 돌아들면 이경순이 산다

창원 어디일까 이원수가 살고, 노산 아래
샘물이 있다 이은상이 살고
김해 어디쯤일까 정진업이 살고
낙동강 모래톱 지나 갈대숲에 김정한이 산다

합천호 가는 길, 가는 길 대표하여
이주홍이 살고
연필등대로 글 쓰는 통영 땅, 유치환 김춘수가 살고
산청에는 지리산 종지기 남명이 산다

우리가 가면 어디로 가나, 문인이 있어서 좋다

오늘은 북천, 이병주다
완사 지나 원전 지나 면소재지 들머리
북천추어탕,

점심이 지나간다 혀끝이 지나간다

방문기
― 박재삼 시인에게

시인의 모교에는 운동장에 내리는 햇볕이
재산처럼 보이네
시인이 학교 다니던 시절, 가난하여 끼니 거르기를
예사로 할 때
학교 종소리와 햇볕은 그의 끼니 사이로 따라다녔지

시인이 졸업해 떠나고 그에게 따라다니던
햇볕도
마음의 사발에 담기어 떠나갈 만큼은 떠나갔을 것이나
운동장에 그어진 배구장 농구장의 흰색 선 안으로
더 많은 햇볕 모여들어
와글거리는 선수들 발꿈치 따라 바쁘게 뛰어 다니네

햇볕도 그룹이 있는가
운동장에 내리는 것들과는 달리, 정원의 잎사귀에 내리는 것들은
태생이 흔들리는 대로 반짝이다가 쉬다가
또 목례처럼 끄덕이며 있네

시인이 시를 쓸 때는 때로 햇볕도, 풀잎도,
나무도, 하늘도 아득하여
바람도 물결도 바다 밑 깔리는 수초도 아득하여
아득하면 되는가, 묻고 있었지

오늘은 아득함도 햇볕도 동창이 되어 내리고
시인의 모교는
그의 육필인 듯 순하고 따뜻하네, 일등급이네

발견

리차드 클레이더만의 피아노
음계에서 길어 올린 냉수 한 사발
눈 지긋이 들이마신다

청량하다 쏴아 흘러내리는 소리

그 음계에서 길어 올린 냉수 한 바가지
꽃샘추위 가슴 가르듯이 단숨,
이마에서 코끝 볼짝으로 쏟쳐 내린다

손가락에서 나오는 이리 솔직한 소리
양심일까
세상의 가면은 음계로부터 길어 올린 물
그 물에 씻겨
찢어져 나간다

음흉과 어둠들이 발끝에 채여
나가떨어지고

떨어진 자리 여기 저기 짜개진 사금파리들
눈으로 들어오고

반짝거려, 날카로워,

리차드 클레이더만,
그대는 막간에 더러 말을 하지만 말은
그대의 나라가 아니다

그대 나라에는 나풀대는 그대의 머리
어깨, 손끝과
건반이 주인이다

쏴아, 흘러내리는,

그 집
― 손국복 시인에게

시인의 집은 많지만
산이 축복해 내리는 데는 많지 않다네

산이 말하다가 힘이 다하면 강이 나서서
저녁 어스름이나 새벽 동트는 때, 비어 있는
시간 잘 맞추어 한 말씀 하신다네

물이 흐른다는 것은 살아 있다는 말이니라
강이 굽이친다는 것은 인생이 무늬진다는 말이니라
살아 있는 인생은 푸르러 즈려 서 있는
산이니라

대암산은 무언으로 멀리 내려다보는데
시인의 말이 절로 순정해지는구나
산 밖에 있는 먼지들은 오다가 멈추었고
산 너머 사는 그리움은 일용할 사색 곁에 바람결로
오는구나

실로, 시인의 집은 많지만
시가 들어가 살며 주인이 되는 집은 많지 않다네
합천군 율곡면 제내리,

마음과 땅이 하나인 '해누리' 이름, 그 집이라네

배 한 척

새벽 범종 소리에 시 한 줄
얹혀 오는구나
"늙고 병든 몸 외로운 배 한 척이로다"

모택동은 만년에 악양루에 가서
두보의 시를 필사했다
"늙고 병든 몸"을 "늘그막에"로 고쳐 필사했다

병든 이가 병들었다는 말을 피하고 싶었을까

범종 소리는 두보의 시 원문을 필사해
보내온다
가슴 저리다

시인의 고향은 난리 전쟁 중 관산 북쪽에
있고
모택동은 시를 고쳐 필사하고 있고
범종은 산은 산이라고,

아, 물은 물이라고 꼬박꼬박 원문만
보내오는구나!

난이

백석평전에
여인들이 등장하는데 별은 난이다

난이는 백석이 혼자 지은 이름이므로
세상에는 난이가 없구나

그러나 눈이 푹푹 나리고, 마가리에 풀냄새
저북저북거리면
난이는 마가리로 가고
세상 남자들은 소주를 마신다

처음부터 그에게는 난이 대신에
나타샤가 있었는지 모른다
혹은 나타샤 대신에 난이가 있었는지 모른다

마지막까지 그의 머리칼엔 눈만 나리고
낡은 항구의 명정골로 드는 길이 젖고
한 번 문 안으로 들어간 난이는

동네 우물가 물동이로도 걸어 나올 기미가 없구나

백석평전에
어둠이 깃들고 어둠이 오히려 빛나고
어둠 깊이 그는 걸어 들어가고
남자들은 모두 소주를 마신다

강희맹

진주강씨 문중이 그의 이름 안에 현판
하나 걸고
조선 초기 문장이 그의 이름에다
물꼬를 쳤다

그가 시에서 고향이라 말하며 다녀간
함양군 유림면 국계리
오늘 하루
옛 절터 무성한 대나무와 풀숲
헤치고

그가 세운 작은 빗돌 하나 어루만진다

사람 살지 않는 산비탈
밭머리
음각된 그의 글씨, 글씨만으로 역사다

역사는 늘 살을 숨기고

뼈만 남기는 것일까, 하루가 그림자로
지고 있구나

북천추어탕

북천에 가 추어탕을 먹고
뒷개울 미꾸라지를 싹쓸이했다는 분의 집으로 갔다
그분은 돌아가고
그분의 부인이 들기름, 참기름 공장을 돌리고
있었다
떡가래도 뽑고 쑥떡도 빚고 있는데, 공장에서 쑥떡은
가내수공업의 맛,
추어탕의 헛바닥에 스며들었다

들기름 한 병 1만 4천원,
선물로 받아들고 미꾸라지가 사는 개울가로 나가 걸었다
내쳐 남포리 쪽으로 가고
남포리 생가에서 나오는 소설가 이병주, 생전의
뿔테 안경을 끼고 이쪽으로 오고 있었다

내가 선생의 '소설 알렉산드리아'에 대해
평설을 썼다,고 말하려는데
어디론가 사라져버렸다 선생의 배경에 있던

느티나무가 개울 쪽을 가리켰다 봉고 한 대가
휙, 지나갔다

상가에서

상주를 보며 고인을 생각한다
상주의 슬픔, 한 술이라도 나누기 위해 멀리서
가까이에서 몰려드는 사람들
꽃 한 송이씩 영전에 얹어 드리고 무릎 꿇어 절한다

가는 길과 남아 있는 길의 거리를 생각한다
길이 서로 다른 것 같지만
길은 애초에 하나로 가는 길이다

길은 오늘 저녁처럼 바람이 자고
장미가 피는 언덕을 오르거나 장미가 다 지고
구석진 곳으로 밀리고 밀리는 찔레꽃
독가촌 같은 데로 가서,
소리 없이 그림자같이 피기도 할 것이다

살아 있는 것만으로 오늘 저녁 모여드는
착한 사람들
제가끔 가슴으로 다듬어온 기도문, 더 줄이지도 못하고

더 늘이지도 못하는 가운데
어떤 이는 술잔을 비우고 어떤 이는 서로 서로
안부의 시간들 조금씩 건넨다

사람들은 한 사람씩 두 사람씩 자리를 뜨고
집으로 가고
두 사람씩 세 사람씩 들어와 빈자리 앉고
슬프고
저녁 한때의 동지가 된다

상주에겐 시간이 멈추어진 것일까
연신 구부리고 조아리고
동어반복으로 절한다 절에게 절이라고
말하는 것처럼,

나의 크리스마스

성탄절이 오면
나는 늘 중간쯤은 되는가 생각한다

그리스도와 나의 거리
중간쯤에 사는가,
십자가와 나의 거리
중간쯤에 사는가

중간쯤으로 가다가 오래전 반환점 돌아서고
아직도 허우적거리는 삶
달리는 것인가, 적당히 달아나는 것인가

교우들은 저마다 웃고 기뻐하고
겸손을 다해 묵상하는데
비우고 나누고 부족함 없이 성체를 모시는데

나는 늘 거리를 뼘으로 재는, 재다가
그 자리 십자성호에 맴돌고 있다

성탄절이 오면 오는가가 아니라
늘 어느새 가는가, 가는가의 뒷모습에 익숙하고
하나씩 놓지 못하며 그러면서 놓기라도 하는 듯
밥상에 숟가락 뜨듯 기도를 뜬다

저쯤에서 외로운 사나이
십자가의 사나이가 오고 있다
중간쯤은 되는가, 되는가를 버리고 성큼 내게로
오신다
그의 손에 숟가락이 쥐어져 있다

침묵 피정

뉘우칠 일이 너무 많아
참회예절 시간 다 쓰고도 아직
남아 있는 것들,

무언으로 고독처럼 등물처럼
온탕처럼 즐기는 시간이 조배인데
허락된 그 시간도 다 썼다

보다 못해 십자가에 달려 계시는 분이
십자가를 풀고
내 앞으로 와

너 어디 있느냐 내가 말할 때
너는 대답하지 않았었느라,
네가 왔으니 이제 나는 좀 쉬어야겠다

나의 휴식 시간이 끝나갈 때
그분은 밖으로 나가시는 것 같았다

다음날 아침

가덕도 쪽 멀리 여린 구름 헤치고

신년이 사탕 빛깔로 솟아올랐다

신년이 그분이라는 걸

그분의 빈자리와 여명이 아는 것 같았다

제4부

터키 통신 1
— 이스탄불 성소피아 대성당

신앙은 위대하나 흐르는 역사는 치욕이다
나는 흐르는 역사의 물 위에 한 점 풀잎이 되어 뜬다

저 많은 순례객들
저들도 풀잎이다 어디로 떠 흐를 것인가
세월의 시계를 끄고
나는 대성당 곁 한 모퉁이 정원에 쭈그리고 앉아

성당의 역사를 새로 쓰고 있다
성전이 건물이라는 사람들
성전이 건물의 크기라는 사람들의 무지 위에
조용히 회칠을 한다

제가 한 일을 모르고 있는 이들의 수많은
무지 위에
그 무리가 만들어 내는 눈물과 슬픔의 골짜기 위에
나는 조용히 회칠을 한다

풀잎들은 풀잎으로 가벼이 떠 흐르고
이 풀잎과 저 풀잎이 잠시 어울리다가 어디론가 가면서
흐르는 일에 기도 한 줄 보태어 줄 것이다

노오란 팬지 꽃들이 정원 한쪽에 무리지어
피어 있다 꽃들도 역사를 새로 쓰고 있을까
지금 이 시간 이 자리라는 단서를 붙여
쓰고 있을까

터키 통신 2
― 바오로의 우물

샘은 생명의 자리라 하지 않던가
바오로는 바오로, 생가 터와 우물만 하나 남겼다

누가 길어놓았을까 두레박에 물이 가득
담겨 있었다
손을 두레박에 넣었다 서늘했다
2천 년이 서늘함 속에서 걸어 나왔다

손가락이 닳도록 씌어진 그의 서간문들도 일거에 딸려
나왔다 타르수스의 간판들이
그 문구로 바뀌어 걸리는 것 같았다

그러나, 그를 따르는 나그네들만 도시 가득
걸어 다니고
시민들은 아무도 그의 우물을
퍼가지 않았다

터키 통신 3
— 갑파도키아

하느님이 세상을 바꾸기로 하셨다
박해받던 돌, 바위를
주인으로 하는 세상을 만드셨다

그림을 그리던 사람들이 그려보던 모양도
있지만
바위의 얼굴은 낯선 것으로, 기기묘묘
그것들을 뛰어 넘게 하셨다

영혼도 불어넣었는지는 밖에서 보아 알 수가 없다
바위와 바위들이 모여 마을이 되고
나라가 되는 것만은 분명해 보인다

적어도 이 나라는 인간이 주인이 아니다
답답한 인간들이 바위를 파 들어가 살았는데
바깥에서 보기에 바위들이 전세로 내어준 것 같다

사람의 계산으로 하면 수십만 수백만이

무주택 입주자들이었다 어쩔 수 없이
바위를 뚫어 구멍을 내고 살았는데 창처럼
보인다 아마도 그 옹색 가운데서도 인간들은
비둘기를 키웠는지 모르겠다

바위들이 저들끼리 하는 언어가 있었을까
그것이 궁금했으나 분명 있었다고 선언해 줄까 한다
이 별천지 경이 없이 바라볼 수 없는 인간적
혼돈이 사라지고 나면

하느님이 돌들의 해방과 주권에 쥐어 준
참 보기에 듣기가 아름다운
언어,
갑파도키아 언어를 들을 수 있을 것이다

적어도 인간들이 쓰는 언어와는 다른
날개 달린 언어,
천상을 말하는 언어를 들을 수 있을 것이다

터키 통신 6
— 삐에르 로띠 언덕

이스탄불 거대한 공동묘역이다
그 곁에 아지아드 찻집이 있다

19세기말 프랑스 병사 삐에르 로띠가
오스만 투르크 왕조의 궁녀 아지아드를 사랑했다
1년 후에 돌아오겠다 한 남자는
7년 후에 돌아왔는데
여자는 그 사이 기다리다 자결했다

이슬람 율법을 피해
사람 눈이 닿지 않는 공동묘역에서 두 사람
사랑을 약속했었다

뒤늦게 돌아온 남자는 보스포로스해협을 내려다보며
가슴을 쳤다

터키 사람들은 가슴 치는 소리를 듣고는
공동묘역에 이름을 지어 주고

그 곁에 찻집을 차려 주었다

나는 그 찻집에서 애플티를 마셨다

그리스 통신 2
— 네오 폴리스에서 데살로니카까지

이콘같이 예쁜 도시 네오 폴리스와 작별했다
나는 시 잘 쓰는 제자 하나쯤 이 도시에 남겨 두고
그 다음 도시로 가고 싶었다
바오로가 리디아에게 세례를 주고 리디아를
필립보에 남겨 둔 것처럼

바오로는 데리고 다니던 실라와 함께 감옥에 갇혔다
그 감옥에서 지진을 만나 풀려났다
목숨을 전교의 발등에 얹어 다니던 그의 길은
지진까지 만나는 길이었다

우리는 지진을 은총이라 부른다 감옥은 급조한
물 저장고였다
반 이상 무너져버린 저장고를 눈에 넣고, 근처에
있는 고대 그리스의 유적, 그 규모를 그 돌더미를
카메라에 찍어 넣었다

그 다음이 데살로니카, 성벽과 시가지가 눈앞에

건강했다 우리는 일정이 없어 시내를 뚫고 가면서
아리스토텔레스대학을 스쳐 지났다
그는 나의 첫사랑, 탐구의 통과 지점…… 이제 저 문을
밀고 들어가고 싶은데
순례의 관문이 아니었다

우리는 오늘 네오 폴리스를 작별하듯이
데살로니카를 또 작별해야 했다 순례는 늘 시간이
빈곤했다

그리스 통신 3
— 고린토 캥그레아

캥그레아 교회 유적지는 사학과 학생들 발굴 현장
수준으로 남아 있고 바다가 들어와
저네들 이야기만 잔뜩 늘어놓고 있다

사도 바오로는 여기까지 와서
망치로 쳐도 귀가 열리지 않는 군중들을 향해
무슨 말을 했을까
무슨 말을 하며 저 흩어진 교회의 돌들을 쌓아올린
것일까

보기에 따라 유적은 허무다
허무의 무릎을 뚫고 늘 신은 폐허처럼 돌아오신다

오늘은 적어도, 폐허가 교과서다

다시 프라하

이번 여행은 프라하로 다시 가는 일정
잡힐 듯하다
나는 환영이다
블타바강 내려다보며 카를교를 건널 것이다
한 편의 소설처럼 구도가 잘 잡힌
중세, 나는 중세의 재킷을 걸치고
거리의 악사들 연주를 들으며, 프라하성으로
오를 것이다
오른다는 일은 내려가는 길에 들어선다는 것,
골든 레일로까지 내려가서 그곳 22번지
카프카의 집으로 곧장 들어서리라
지난번에 놓쳤던 그 집, 내게는 그 집이
이방인이다
성에서 성의 경관에 지배되지 않는 K, K의 무리들이
들락거리는, 내 신발을 신고 다니는
그 사람들, 이제 소설 속에서 단역 하나씩
맡으리라
프라하는 늘 봄이다

그래서 여행은 비극일지도 모른다
봄은 봄 밖에서 봄일 때가 더 많기 때문,
나는 환영이다 프라하 모자를 쓰고
블타바강 굽이치는 허리, 당신 같은 허리
부드러이 만져 줄 것이다

카프카의 집

프라하성도 왕궁도 대통령 집무실도
카프카의 가르마, 황금소로에 편입되어 있었지

길은 집으로 가도 집을 뛰어넘어
끝내는 집 위에 있는 것들 다 길 아래 두었지

단칸, 희미한 하늘색 벽이 손바닥만 하고
창 두 개
초록색 문 한 짝
위에서 내려다보면 벌레도 지나가는 집,

나는 기어코 8박 9일 일정으로 프라하까지 와서
성까지 와서,
궁 옆쪽으로 돌아가서 겨우 겨우
볼타바강변 쪽 내리막길 소로로 들어서서

케케한 방, 군내 나는 작은 책상 하나 만나기 위해
그의 변하지 않는 설움과 적막 만나기 위해

내가 보낸 택배처럼 와서

택배가 무슨 할 말이 있을까
22번지, 번지를 확인하는 일이었지

나는 소리 없이 내던져졌지, 기념품 가게로 변한
그곳에
이제 막 출고한 기념품처럼 무심히 내던져졌지

| 강희근의 시세계 |

시적 형이상과 시인의 존재론

유성호

강희근의 시세계

시적 형이상과 시인의 존재론

유성호
(문학평론가, 한양대 교수)

1.

등단 50주년을 기념하여 펴내는 강희근 시인의 신작시집 『프란치스코의 아침』(2014)은, 그 제목에서 나타나고 있는 것처럼, 성스러움과 친화력 그리고 신생의 기운이 따뜻하게 번져가는 영혼의 일대 순례기라고 할 수 있다. 가령 시인은 시를 통해 궁극적 존재를 상상하고 열망하는 한편으로, 노경老境에 들어서 더욱 열정적으로 시와 삶을 사유하는 깊은 성정을 보여준다. 그 안에는 강희근 특유의 시적 형이상과 시인의 존재론이 아름답게 펼쳐져 있다. 일견 단호함으로 비치는 다음 시편은 그 점에서 이번 시집 전체의 서시序詩로 어울릴 만한 작품이다.

> 내 몸에 글을 써다오
> 나는 흐르고 흐른 뒤 기슭이나 언덕
> 어디 햇빛
> 어디 구름들 아래 이그러지다가
> 생을 마치리라
> 글을 써다오
> 생이라면 글줄이 있어서, 먹물 같은
> 캄캄함이 있어서
> 택배로 사는 노동을 다하다가
> 마감 날 떳떳이 지리라
> 여인이 있다면 여인의 눈썹으로 뜨는 글
> 수자리로 가는 남자 있다면 남자의
> 태극기로 펄럭이는 글
> 적어다오
> 내 몸은 불길 번지는 화선지
> 아직은 여백이다
>
> ―「유등」 전문

여기서 '유등流燈'은, 시인이 거처하는 진주의 유등 축제를 연상케 한다. 시편의 화자이기도 한 '유등'은 온몸이 불길로

번질 수 있는 모든 것의 가능성 곧 '여백'으로 존재한다. 그리고 그 '여백'에는 시인이 궁극적으로 추구하려 하는 시적 형이상과 시인의 존재론이 그야말로 아름다운 '등'처럼 담겨 있다. 온몸에 글을 적은 채 흐르고 흘러 어느 기슭이나 언덕에 닿아 햇빛과 구름 아래 이그러지다가 생을 마칠 '유등'은, "먹물 같은/ 캄캄함"에서 노동을 다하다가 떳떳하게 소멸하리라는 다짐을 하고 있다. 그때 몸에 새겨지는 "여인의 눈썹으로 뜨는 글"이나 "남자의/ 태극기로 펄럭이는 글"은, 우리로 하여금 유등이 "불길 번지는 화선지"로 살다 죽어갈 '시인'의 은유이고, 유등에 적힐 글은 '시'의 은유임을 알게 한다. 더불어 '눈썹/태극기/화선지' 등이 거느린 상징이 시인으로서의 섬세함과 스케일과 장인 정신을 모두 담고 있음을 알게 해준다. 이때 시인은 어느새 "햇볕도, 풀잎도,/ 나무도, 하늘도 아득하여/ 바람도 물결도 바다 밑 깔리는 수초도 아득하여/ 아득하면 되는가, 묻고"(「방문기 ; 박재삼 시인에게」) 있는 "언어의 나무에 옮겨 앉았다가 날다가/ 지상을 가벼이 흔드는 새"(「언어의 새」)가 되고 있는 것이다.

무릇 시인이란 궁극적이고 본질적인 실재에 다가갈 수 없는 비극성을 노래하는 동시에, 그럼에도 불구하고 끊임없이 그 안에 흔적으로 숨 쉬는 어떤 신성한 의미를 찾지 않고는 견딜 수 없는 실존적 슬픔을 가진 존재이다. 강희근은 이러한 불가피한 한계에서 발원하는 간절함을 들려주면서, 자신을 후경後景처럼 두르고 있는 신성한 흔적을 재현함으로써 시인으로서의 존재론을 완성하려 하는 시인이다. 그 방법론은 다름 아닌 '시詩'일 터인데, 이번 시집은 그러한 '시'에 대한 첨예한 자의식으로 충일하다 할 것이다. 다음에 시인이 노래하는 '시'는, 그러한 가능성과 한계를 동시에 고백하는 메타적 속성으로 가득하다.

    나는 둔부가 아프다 놓일 자리에 놓이지
    못하기 때문이라네
    나는 눈이 아프다 놓일 자리에 비집고 들어갈
    가시거리가 없기 때문이라네
    나는 귀가 무겁다 놓일 자리에 한가히 놓여
    공주처럼 가벼워지지 못하기 때문이라네
    가슴이 갈래로 나뉜다 가슴 하나 받아지는 손바닥이 없기
때문이라네
    머리가 지끈지끈거린다 에어컨 바람이기도 하지만
    머리 한 뼘 쏟아져 들어갈 물방울만 한 방석 또는
    돗자리 하나 없기 때문이라네
    생각이 그리움이 찢어진 꽃잎이 된다 꽃잎은
    하룻저녁의 하늘을 받고는 영구한 수면으로
    들어가고 들어간 곳은 불면의 우물로 고이기 때문이라네
    말이 그릇 하나처럼 제대로 둥근 것이 없다
    이빨이 부러지거나 휘어지거나 툭하고 금이 간 채로
    하늘 같은 비눗방울 같은 동그라미를 그리고 있기 때문이

라네
　　아침은 늘 그렇다 급히 저녁이거나 저녁의 색깔이다
　　색깔도 잠시 잠깐 부어오르고 녹슬다가 고전이
　　된다네 끓지도 않고 넘친다네 아침은
　　　　　　　　　　　　　―「이 시대의 시」 전문

　시인이 진단하기에 우리 시대의 '시'는, 마치 둔부가 아프고 눈이 아프고 귀가 무겁고 가슴이 나뉘는 것처럼, 제자리를 잃어버리고 가시거리를 놓치고 가벼워지지 못하고 받아줄 곳이 없는 상태에 있다. 그러니 시를 읽는 동안 머리는 지끈거리고, 생각은 그리움이 찢어진 꽃잎으로 몸을 바꾼다. 그리고 '꽃잎'은 "영구한 수면"과 "불면의 우물"을 교차적으로 받아들이고, '말'은 제대로 '둥근 것'이 없이 모두 부러지거나 휘어지거나 금이 간 채로 "비눗방울 같은 동그라미"만 그리고 있을 뿐이다. 그렇게 잠깐 부어오르고 녹슬다가 이내 "고전"이 되어버리는 '이 시대의 시'는, 강희근 시학의 기율과 정신의 반대편에 있는 풍자 대상이 된다. 그 대상의 역상逆像이 바로 강희근 시학이 깃들이고 있는 거소居所이기 때문이다. 이를테면 시인은 "별 하나에 이름 하나/ 별 둘에 이름 둘, 나는 소녀처럼 밤새워/ 순결한 시를 쓰고 싶다// 시를 쓰다가 물건항 깊은 숨소리 잠들고 싶다"(「하룻밤 ; 엔젤리너스 카페에서」)라고 할 때는 여전히 낭만주의적 충동과 정서를 배음背音으로 삼다가, 궁극적으로는 "힘 다 빼고 평음으로 읽는 시인의 시 한 줄"(「최참판댁」)로 남으려 할 때는 엄밀한 의미에서의 고전주의적 자세를 견지하고 있는 것이다.

　이처럼 강희근 신작시집은 시인으로서의 치열한 자의식과 시적 완성에 대한 집착, 그리고 그 기율에 대한 엄정성을 기저基底에 깔고 있다. 시인으로서의 반세기의 삶을 이러한 구심적 충실성으로 지켜온 시인의 너른 국량과 깊은 수원水源을 짐작케 하는 견고한 시선과 태도가 아닐 수 없겠다.

　2.

　다음으로 이번 시집이 들려주는 음역音域은, 여전히 시인이 갈망하는 시적 영혼의 성숙에 놓인다. 가장 눈에 띄는 시인의 지향은, 지금이 비록 폐허의 시절임에도 불구하고 그것을 넘어서고자 하는 일관된 의식에 있다. 시인은 어떤 형이상학적 지경地境에 대한 그리움을 통해 '시원始原'의 형상을 복원하려 하는데, 그것은 유토피아나 유년 시절을 지칭하는 것이 아니라, 지각 형식으로는 도저히 가 닿기 어려운 성스러움을 내장하고 있는 것이기도 하고, 훼손되기 이전의 순수 원형을 간접화한 형상이기도 한다. 강희근 시인은 그러한 시원의 형상을 구체적 일상 속에서 발견하거나, 아니면 역으로 그것을 회복 불가능하게 만드는 세상에 대한 비판의 촉수를 보여줌으로써 발견한다.

자물쇠가 채워져 있다
역사만 서 있고 그 옆으로 들어가면
철길이 먼저 사라져 버리고
역간 안내판도 사라져 버리고

상행선은 흙더미로 흐르고
하행선은 고르지 못한 자갈밭으로 흐른다

폐허다,
때로는 폐허가 아름답다 하는데
늙어 휘어진 나무 두 그루와 일렬
도열해 서 있는 회양목이 쓸쓸하다

그립다라고,
입으로 한 번 발음해 보지 못한 첫사랑이
개찰구로 당당히 빠져나갔지만
이제는 돌아올 사람 돌아올 문이 사라졌다

그 많은 소리들, 기적들 길게 뻗어가서
기차가 닿는 종착역의 울타리 가에 아직
서성이고 있는지 모른다
거기 담쟁이 넝쿨로 기어오르고 있는지 모른다

철길이 사라지고 역이 사라지고

이름 또한 사라지는데

역이 화물로 실어 나른 세월들 백 년을 거슬러 오를까,

한참 후 떼 지어 제자리로 온 다음,

기러기처럼

어디로 은신처 정해 떠나갈까

— 「남문산역」 전문

시인이 관찰하고 묘사하는 폐역廢驛은 그 자체로 물리적 실재이기도 하지만, 시인이 견지하는 현실과의 유추적 관점을 알게 해주는 상관물로 기능한다. '역사'는 서 있는데 '철길'과 '역간 안내판'은 사라져버린 곳, 그곳에는 흙더미와 자갈밭이 사라져버린 노선처럼 흐르고 있을 뿐이다. 여기서 '역사'는 '역사驛舍'이기도 하고 '역사歷史'이기도 한데, "역사는 늘 살을 숨기고/ 뼈만 남기는 것일까"(「강희맹」)라는 소회에서 보듯이, 그것은 '뼈'만 남은 폐허로 당당하게 서 있다. 이러한 폐허에서 시인은, 비록 늙고 휘어져 있는 나무들이 쓸쓸하기는 하지만, 거기에서 그리움과 첫사랑과 그 많은 소리들이 남긴 아름다움을 보고 있다. 그러니 철길은 막혔지만 기차의 기적 소리가 기적처럼 "종착역의 울타리"에서 서성이고 있을지도 모른다고 하지 않는가. 철길도 역도 이름도 사라지지만 그동안 화물로 실어 나른 세월들은 백년을 거슬러 제자리로 올 것이고,

그럼으로써 폐허는 바로 다시 어디론가 떠나갈 기점이 되지 않겠는가. 그렇게 시인은 역사가 "그리움의 색깔로 그림이 되는 것"(「자두를 먹다가」)이고, 기적이 "부록 같은 데서/ 경기의 마지막 5분 같은 데서/ 예기치 않은 데서, 변두리에서"(「부록」) 오는 것이라고 노래한다. 그 그리움과 기적의 시간은 다음 시편들에도 이어진다.

> 나는 외롭다
> 나는 잠에서 깨어나 짐승을 사랑했던
> 스승 프란치스코의 아침을 생각한다
> 그의 영혼에는 짐승이 없었던 것일까 맑은 물
> 사랑, 흐르는 기도만 있었던 것일까
> ―「방언 탐색」 부분

> 아, 나도 어디 사과밭에 가서
> 돌아앉아 익은 채로 저리 달려 있을까
> 지나가는 그리움, 사춘기 같은 그리움으로
> 놀자고 할까
>
> 지나갈 수가 없구나
> 지나간 것들의 본적지 사과밭에서
> 참회의 과육 같은 떨림의 시간
> 지나갈 수가 없구나

―「연가」 부분

고독과 쓸쓸함을 일용할 양식으로 삼고 살아간다 해도 시인은 "프란치스코의 아침"을 생각하면서 "맑은 물/ 사랑, 흐르는 기도"가 짐승의 시간을 넘어설 것을 상상한다. 그리고 익은 채로 달려 있는 그리움으로 "지나간 것들의 본적지"를 복원하고 그 안에서 "참회의 과육 같은 떨림의 시간"을 기적처럼 감당하려 한다. 가령 그러한 기적과 그리움은 "지극히 잔잔하여 무슨 뜻인지/ 헤아리기 어려운 물결로"(「강물이 온다」) 오는 것이며, "평화 속으로 시간과 언어가 들어가/보석처럼 박히기를"(「경주 통신 2 ; 보문호를 바라보며」) 바라는 마음에서 오는 것일 터이다. 애잔하고 아름답지 않은가.

3.

두루 알려져 있듯이, 서정시의 가장 기본적이고 원초적인 창작 동기는 시인 스스로 자신의 삶을 살피고 돌아보는 관조와 성찰의 의지에 있다. 이를 두고 자기 회귀성 혹은 시적 나르시시즘이라고 불러도 무방할 것이다. 하지만 이때 '나르시시즘'이란 일정하게 자기애自己愛를 기반으로 하면서도, 자신에 대한 반성적 성찰을 동시에 행하는 역동적 실천을 아우르는 것이다. 따라서 그 과정에는 타자와의 관계를 통해 탐색하게 되는 보편적 삶의 이치도 포함되는 것이다. 강희근 시인은

'책' 혹은 '활자'로 생을 살아간 수많은 타자들을 이번 시집에 가득 불러 모은다. 백석, 김동리, 박목월, 이병주, 박경리, 박재삼, 김원일 등 시인이나 작가들이 무시로 나온다. 그 점에서 강희근 시인은 활자로 소통하려는 의지와 집착을 매우 강하게 보여주는데, 그는 "울음이 마른 나라, 울음이 흘러 다니고"(「고성을 지나며」) 있는 곳에서, "시인의 말이 절로 순정해지는"(「그 집 ; 손국복 시인에게」) 곳에서, 거듭 사람을 만나고 그 사람을 활자로 기록하는 일을 잊지 않는다. 다음에 만나는 '책'과 같은 이는 어떠한가.

나는 책 한 권과 점심을 같이 먹었다
아직 아무도 써보지 못한 책,
아직 아무도 읽어보지 못한 책,

말로만, 말이 만나는 베풀기로만 돌아다니는
주제
글자를 거부하는, 책 밖의 노을 같은 사람

글자에 담겨본 이야기보다
더 빛깔 나는 이야기
데리고 다니는 정신 하나,

나는 그와 점심을 같이 먹었다

숟가락 한 번에 몇 쪽의 문맥이 쉽게 풀려
나오고
숟가락 한 번에 '도움' '사랑' 같은 낱말들
처녀처럼 수줍어
얼굴 수그렸다

(나는, 책 한 권을 쓰고 싶었다
처음 도달한 책 한 권의 선행을 쓰고 싶었다)

그러나,

그는 여전히 책 한 권, 맛있고 편한
밥 한 끼
점심 한 끼로 술술 써 나가고 있었다 그의 몸이 잉크
가득한 펜이었다!
― 「만남 ; 김장하 이사장」 전문

  특정 인물이 거명되기는 하였지만, 그 인물 형상 안에는 시인이 생각하는 가장 완전한 '책'과 가장 중요로운 '밥'과 가장 날카로운 '펜'의 속성이 모두 담겨 있다. 그 책은 "아직 아무도 써보지 못한 책,/ 아직 아무도 읽어보지 못한 책"이니, 그 안에 담긴 돌올한 개성과 심도深度를 짐작케 해준다. 자연스럽

게 그분은 말의 범람으로 이루어지는 주제를 거부하는 "책 밖의 노을 같은" 사람이며, 글자를 넘어서는 이야기와 정신이 그 안에 살고 있는 사람이다. 시인은 "처음 도달한 책 한 권의 선행"으로 있는, 그리고 "몸이 잉크/ 가득한 펜"인 그분의 생애를 진정한 만남의 형식으로 간직하는 것이다. 나아가 강희근 시인은 "서책을 덮고도 서책에 적힌 눈발 같은/ 사랑"(「눈꽃」)을 꿈꾸고, "눈 내리고/바람 불고/또 햇볕 내리는, 그대 천질天質의 목소리"(「달리고 싶을 때」)를 기억하면서, 그렇게 글자 혹은 책을 품고 넘어선다. 다음은 그러한 활자의 고전에서 만난 천질의 목소리를 재현한 맞춤한 실례일 것이다.

백석평전에
여인들이 등장하는데 별은 난이다

난이는 백석이 혼자 지은 이름이므로
세상에는 난이가 없구나

그러나 눈이 푹푹 나리고, 마가리에 풀냄새
저북저북거리면
난이는 마가리로 가고
세상 남자들은 소주를 마신다

처음부터 그에게는 난이 대신에

나타샤가 있었는지 모른다

혹은 나타샤 대신에 난이가 있었는지 모른다

마지막까지 그의 머리칼엔 눈만 나리고

낡은 항구의 명정골로 드는 길이 젖고

한 번 문 안으로 들어간 난이는

동네 우물가 물동이로도 걸어 나올 기미가 없구나

백석평전에

어둠이 깃들고 어둠이 오히려 빛나고

어둠 깊이 그는 걸어 들어가고

남자들은 모두 소주를 마신다

―「난이」 전문

  이 작품에는 백석의 「統營」, 「나와 나타샤와 흰 당나귀」가 적극 인유引喩되고 있다. 특별히 평전을 읽고 있는 시인은 그 안에 가장 빛나는 '별'과 같은 여인을 「統營」에 나오는 '난이'로 본다. 그 여인은 백석이 지은 이름이므로 지상에 존재하지 않을 것이다. 하지만 시인은 눈 내리는 밤, 난이는 백석이 희구했던 마가리로 가고 세상 사내들은 독한 소주를 마실 것이라고 상상한다. 난이가 산다는 "명정골"로 드는 길이 젖을 때에도 그녀는 명정 샘에 결국 나타나지 않을 것이고, 백석은 "어둠이 오히려 빛나고／ 어둠 깊이" 걸어 들어가고 말 것이다.

백석 텍스트를 인유하여, 어쩌면 책과 활자와 적극 소통하여, 시인은 이러한 낭만적 비가悲歌를 완성한 것이다. 이러한 상호텍스트성은 박목월과 박경리, 박재삼 등을 회억回憶하는 시편에서도 그대로 재현된다. 그리고 시인은 "벽 앞에서 그 벽을 직시하고자"(「경주 통신 4 ; 재일 한국인 작가 유미리」) 했거나 "그때 놓쳤던 것 눈 안으로 들어온"(「거울 골짜기」) 순간을 허락한 작가들도 기억의 표면으로 불러내는 것이다.

　이처럼 강희근 시인은 폭 넓은 문헌 섭렵과 강렬한 기억으로 자신의 시적 주제와의 소통 가능성을 실험하기도 하고, 가장 고전적인 텍스트들에 대한 외경과 수용 과정을 보여주기도 한다. 한국 문학 전공자로서의 안목과 그것의 선별 과정에 작용했을 그의 적공積功이 환하게 다가오는 순간이 아닐 수 없다.

　4.

　대체로 시인들은 일상에서 무심히 지나치는 사물들의 존재 형식을 통해 생의 본질을 형상화한다. 그들이 수행하는 관찰과 표현은, 감정을 직접 드러내는 것을 지양하면서, 사물의 존재 형식과 생의 본질을 유추적으로 결합시키는 작법作法을 주로 지향하게 된다. 그래서 시인들이 포착한 사물의 존재 방식은 인간의 그것으로 치환되고, 존재의 심층에 가라앉아 있는 삶의 이법에 대해 깊은 사유를 가능하게 해준다. 이처럼 사물의 존재 방식을 통해 생의 비의秘義에 가 닿는 과정은, 양도할 수 없는 서정시의 고유한 지표일 것이다. 강희근 시인은 이러한 사물의 불가피한 존재 방식을 통해 생의 비의에 가 닿으려는 일관된 의지와 실천을 보여주는데, 그것은 사물들 속에 편재해 있는 소멸과 신생의 원리에 대한 역설적 사유를 통해 성스러움을 찾아 나서는 편력으로 나타난다. 그 편력을 통해 "가는 길과 남아 있는 길의 거리를 생각"(「상가에서」)하고 "신이 준 은총"(「몸 풀기」)에 가 닿고 있는 것이다. 가톨릭 신자로서의 마음과 성정과 존재론적 표지標識가 새삼 느껴지는 순간이다.

  뉘우칠 일이 너무 많아
  참회예절 시간 다 쓰고도 아직
  남아 있는 것들,

  무언으로 고독처럼 등물처럼
  온탕처럼 즐기는 시간이 조배인데
  허락된 그 시간도 다 썼다

  보다 못해 십자가에 달려 계시는 분이
  십자가를 풀고
  내 앞으로 와

너 어디 있느냐 내가 말할 때
너는 대답하지 않았었느라,
네가 왔으니 이제 나는 좀 쉬어야겠다

나의 휴식 시간이 끝나갈 때
그분은 밖으로 나가시는 것 같았다

다음날 아침
가덕도 쪽 멀리 여린 구름 헤치고
신년이 사탕 빛깔로 솟아올랐다

신년이 그분이라는 걸
그분의 빈자리와 여명이 아는 것 같았다
—「침묵 피정」 전문

'피정避靜'이란 일상에서 벗어나 수도원 같은 곳에서 조용히 자신을 살피고 기도하며 지내는 일을 말하는데, 특별히 '침묵'의 방법으로 시인은 피정을 수행하고 있다. 뉘우침과 참회를 넘고도 "남아 있는 것들"은 여전히 무언처럼 고독처럼 시인의 내면에 존재한다. 그리스도가 십자가를 풀고서 "너 어디 있느냐"라고 물을 때, 시인은 자신이 지낸 휴식 시간이야말로 그분의 존재와 빈자리를 동시에 알려주는 천혜의 충전 시간이었음을 경험한다. 여기서 "너 어디 있느냐"라는 말은 구약 창

세기에 나오는 표현으로서, 존재론적 본질에 대한 고백을 거듭 요청하시는 신의 말씀이기도 하다. 시인은 그 말씀을 통해 "죽음처럼 거리를 두고 살 때/ 비로소"(「단상」) 자신이 인간임을, "그리스도와 나의 거리/ 중간쯤에"(「나의 크리스마스」) 자신이 살아가고 있음을 발견해간다.

  일찍이 데리다J. Derrida는 "절대적 의미란 실제로 인지할 수 있는 것이 아니고 그 절대적 의미를 찾고자 끊임없이 되풀이된 욕망들의 흔적으로만 존재할 뿐"이라고 말한 바 있다. 이러한 생각은 인간이 아무리 혼신의 힘을 다하여도 시공을 초월하여 모든 인간에게 평안과 행복을 줄 수 있는 실재를 찾아낼 수 없다는 비극적 상황을 보여주는 동시에, 그럼에도 불구하고 끊임없이 그 의미를 찾지 않고는 견딜 수 없는 인간의 실존적 고통에 대하여 깊은 슬픔을 느끼게 한다. 강희근의 시적 존재론이 신성과 만나는 존재론적 지점도 그 근처 어디쯤일 것이다. 그리고 그 지점은 그가 다녔던 여러 영적 순례지들로 확장되어가기도 한다.

    신앙은 위대하나 흐르는 역사는 치욕이다
    나는 흐르는 역사의 물 위에 한 점 풀잎이 되어 뜬다

    저 많은 순례객들
    저들도 풀잎이다 어디로 떠 흐를 것인가
    세월의 시계를 끄고

나는 대성당 곁 한 모퉁이 정원에 쭈그리고 앉아

성당의 역사를 새로 쓰고 있다
성전이 건물이라는 사람들
성전이 건물의 크기라는 사람들의 무지 위에
조용히 회칠을 한다

제가 한 일을 모르고 있는 이들의 수많은
무지 위에
그 무리가 만들어 내는 눈물과 슬픔의 골짜기 위에
나는 조용히 회칠을 한다

풀잎들은 풀잎으로 가벼이 떠 흐르고
이 풀잎과 저 풀잎이 잠시 어울리다가 어디론가 가면서
흐르는 일에 기도 한 줄 보태어 줄 것이다

노오란 팬지 꽃들이 정원 한쪽에 무리지어
피어 있다 꽃들도 역사를 새로 쓰고 있을까
지금 이 시간 이 자리라는 단서를 붙여
쓰고 있을까
　　─「터키 통신 1 ; 이스탄불 성소피아 대성당」 전문

대성당 앞에서 시인은 역사의 치욕을 다시 한 번 사유한다.

가혹하게 흘러간 역사의 물 위에 "한 점 풀잎"으로 떠가는 자신을 바라보면서 "성당의 역사"를 새로 쓰고 있다. 무릇 성전聖殿은 건물이 아닐 터, "제가 한 일을 모르고 있는 이들의 수많은/ 무지"를 딛고 시인은 이제 "눈물과 슬픔의 골짜기 위에" 회칠을 하고 "흐르는 일에 기도 한 줄 보태어줄" 것임을 상상한다. 그는 신성의 혼적이었던 바오로의 우물 앞에서 "아무도 그의 우물을/ 퍼가지"(「터키 통신 2 ; 바오로의 우물」) 않고 "허무의 무릎을 뚫고 늘 신은 폐허처럼 돌아"(「그리스 통신 3 ; 고린토 캔그레아」)오심을 이제 순수하게 받아들인다. 바로 그 순간 "적어도 인간들이 쓰는 언어와는 다른/ 날개 달린 언어,/ 천상을 말하는 언어"(「터키 통신 3 ; 갑파도키아」)가 환청처럼 다가오는 것이다. 비록 "순례는 늘 시간이/ 빈곤"(「그리스 통신 2 ; 네오 폴리스에서 데살로니카까지」)했지만, 강희근 시인은 그렇게 길 위에서 "극복과 비상/ 승리와 평정의 전율"(「아편 먹은 것처럼」)을 상상하면서 서 있을 것이다. 그렇게 이 시편들 속에서는 신성한 의미를 찾지 않고는 견딜 수 없는 인간의 실존적 슬픔이 진하게 배어나온다 할 것이다.

이미 근대적 인간의 영혼 안에 형성된 '내면의 진공'을 치유하고 보완하는 대안적 사유 방식으로서 종교적 상상력의 의미는 여러 차례 주목된 바 있다. 모든 종교적 경험이 우리의 경험 세계를 원초적으로 구성하는 이른바 궁극적 실재에 대한 반응이고, 그 반응이 지성이나 정서나 의지 중 어느 하나만을 가지고 참여하는 것이 아니라 통합된 하나의 인격으로 나타나는 것이라면, 신성의 개입 없이 '신神'을 대체하고자 했던 근대의 이성 중심주의는 역으로 종교적 상상력의 고립 혹은 소외를 가져왔다고 할 수 있다. 그래서 이제 종교적 상상력이 천상의 형이상학의 권좌에서 내려와 인간적 현실과의 접점을 마련하는 일은 매우 중요한 과제가 되었는데, 강희근 시인의 중심적 시세계는 지상의 혼돈에 대한 안타까움과 그에 대한 치유의 열망으로 이러한 세계에 근접한다. 우리 시단에서 퍽 귀한 지향이 아닐 수 없다.

지금까지 우리가 읽어온 것처럼, 강희근 시력詩歷 50년의 깊이와 무게는 가없는 성스러움과 친화력 그리고 신생의 기운에 의해 천천히 번져가고 있다. 시적 형이상과 시인의 존재론에 대한 탐색이라 일컬을 수 있는 그 시편들은, 일찍이 "케케한 방, 군내 나는 작은 책상 하나 만나기 위해/ 그의 변하지 않는 설움과 적막 만나기 위해"(「카프카의 집」) 한 작가의 집을 방문했던 시인이 다다른 "새벽 범종소리에 시 한 줄"(「배 한 척」)의 세계로 다가온다. 그리고 우리는 그렇게 그 "시 한 줄"에 의탁한 강희근 시학이, 언제나 젊은 자기 갱신의 힘으로, 형이상과 구체성을 동시에 지향하는 통합적 감각으로, 오래도록 그 위의威儀와 기품을 유지하면서 펼쳐져갈 것을 소망해 보게 되는 것이다.

근영 / 휘호

약력

* 경남 산청 출생(1943)
* 진주고교, 동국대 국문과 졸업, 동아대 문학박사(한국가톨릭시연구)
* 서울신문 신춘문예 시부 당선으로 데뷔(1965)
* 공보부 신인예술상 특상(1966)
* 경남도문화상, 펜문학상, 조연현문학상, 김삿갓문학상 등 수상
* 국립 경상대학교 교수, 인문대학장,
  전국국공립대 교수협의회 부회장
* 국제펜클럽한국본부 부이사장,
  제78차 세르비아 국제펜대회 한국대표 참가
* 격월간 『시사사』 고문, 계간 『미네르바』 고문
* 김삿갓문학상 운영위원장, 김만중문학상 운영부위원장
* '강희근 교수의 慶南文壇, 그 뒤안길' 경남일보 주1회 10년 연재 중
* 저서 『우리시문학연구』 『시 읽기의 행복』 『우리 시 짓기』 등 13권
* 시집 『연기 및 일기』 『풍경보』 『사랑제』 『새벽 통영』
  『그러니까』 등 16권

* 홈페이지 http://www.hwagye.com
* 이메일 산에가서@hanmail.net

시업 50년 세월! 그 꿋꿋함을 앞으로 50년까지 이어가기를.

강희근의 시
백련사 차나무 잎사귀 마다
새겨 써 놓은
시원 삼삼 차오르는 달의
편지를 읽듯
마음 가다듬고
그대의 시를 읽네
참 좋네

　　강희근 시업 50년을 위해

　　　문효치

금강의 소나무는
세월과 더불어 그 색이 더욱
푸르러진다 하더이다.
하청!
이제와 돌이켜 보니
당신의 문학이 그렇구료.

　　　　　　2014년 10월 25일

　　　　　　　오 세영

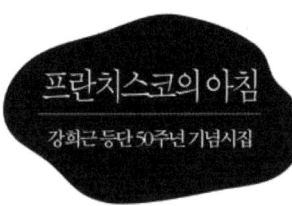

초판 인쇄 · 2015년 1월 15일
초판 발행 · 2015년 1월 20일

지은이 · 강희근
펴낸이 · 이선희
펴낸곳 · 한국문연

서울 서대문구 증가로 31길 39, 202호
출판등록 1988년 3월 3일 제3-188호
대표전화 302-2717 | 팩스 · 6442-6053
디지털 현대시 www.koreapoem.co.kr
이메일 koreapoem@hanmail.net

ISBN 978-89-6104-146-1 03810

값 9,000원

ⓒ 강희근 2015

* 잘못된 책은 바꾸어 드립니다.

이 도서의 국립중앙도서관 출판시도서목록(CIP)은 서지정보유통지원시스템 홈페이지(http://seoji.nl.go.kr)
와 국가자료공동목록시스템(http://www.nl.go.kr/kolisnet)에서 이용하실 수 있습니다.(CIP제어번호: CIP2014037117)